APOSENTADORIA
É PARA OS FRACOS

RICARDO NEVES

APOSENTADORIA É PARA OS FRACOS

1ª edição

Rio de Janeiro | 2013

CIP-BRASIL. CATALOGAÇÃO NA PUBLICAÇÃO
SINDICATO NACIONAL DOS EDITORES DE LIVROS, RJ

N422a

Neves, Ricardo, 1955-
Aposentadoria é para os fracos / Ricardo Neves. — 1. ed. — Rio de Janeiro : Best*Seller*, 2013.
il.

Inclui apêndice
ISBN 978-85-7684-789-2

1. Processo decisório. 2. Sucesso nos negócios. 3. Negócios — Aspectos psicológicos. 4. Liberdade profissional. 5. Aposentadoria. I. Título.

13-04300

CDD: 658.403
CDU: 005.21

Texto revisado segundo o novo Acordo Ortográfico da Língua Portuguesa.

Título
APOSENTADORIA É PARA OS FRACOS
Copyright © 2013 by Ricardo Neves

Capa: Igor Campos
Editoração eletrônica: FA Studio

Todos os direitos reservados. Proibida a reprodução,
no todo ou em parte, sem autorização prévia por escrito da editora,
sejam quais forem os meios empregados.

Direitos exclusivos de publicação em língua portuguesa para o mundo
reservados pela
EDITORA BEST SELLER LTDA.
Rua Argentina, 171, parte, São Cristóvão
Rio de Janeiro, RJ — 20921-380

Impresso no Brasil

ISBN 978-85-7684-789-2

Seja um leitor preferencial Record.
Cadastre-se e receba informações sobre nossos lançamentos
e nossas promoções.

Atendimento e venda direta ao leitor
mdireto@record.com.br ou (21) 2585-2002

O salto da longevidade dá um bônus de vinte anos para as gerações que nasceram depois da década de 1960, e muitas pessoas já estão descobrindo que os "60 são os novos 40".

Maio de 2013

Sumário

PREFÁCIO   13

CAPÍTULO 1   Aposentadoria é para os fracos   17

CAPÍTULO 2   A nova realidade demográfica e um
insustentável sistema de aposentadoria   23

     Boas notícias: estamos vivendo cada vez mais tempo   24

     A boa notícia para os indivíduos acarreta um novo
problema para a sociedade   26

CAPÍTULO 3   Os 60 são os novos 40?   33

     A entrada na velhice é uma marca móvel para o *Homo sapiens*   33

     Redefinindo o tempo da vida produtiva, a velhice e a
aposentadoria   38

     "Os 60 são os novos 40!"   40

CAPÍTULO 4 A grande transformação — 43

Entrando na era da Sociedade Digital Global — 43

O caminho da alienação da realidade — 44

O caminho da acomodação passiva — 45

O caminho do enfrentamento proativo — 45

CAPÍTULO 5 Já estamos na era da
Economia do Conhecimento — 49

Os novos setores que são o motor da Economia do Conhecimento — 52

O quaternário: as usinas e fábricas da Sociedade do Conhecimento — 56

Setor quinário: as usinas de reconstrução e destruição criativa — 58

CAPÍTULO 6 As organizações de conhecimento — 63

Organizações tradicionalistas — 64

Organizações reativas — 64

Organizações criativas — 65

Organizações de conhecimento — 65

O que quer dizer "pensar fora da caixa"? — 69

CAPÍTULO 7 O desafio da sustentabilidade — 71

O problema da energia — 73

O problema dos resíduos — 79

CAPÍTULO 8 O novo nome do trabalho é *projeto* 83

CAPÍTULO 9 Reflexões para candidatos a voos de águia 93

O empreendedorismo de cabelos brancos 93

Ousadia 95

Foco demais pode atrapalhar 97

Quem pede demissão vale mais 98

Não dê tanta importância ao tal do CV 100

Implosão de empregos 103

Zona de conforto 105

CAPÍTULO 10 O desafio do diálogo entre várias gerações nas empresas e organizações 109

"Minha empresa é a gaiola das loucas" 109

Uma tentativa de entender as gerações do século XX 112

A Geração Perdida — nascidos nas duas últimas décadas do século XIX 113

A Grande Geração — nascidos entre 1901 e 1924 114

A Geração Silenciosa — nascidos entre 1925 e 1945 114

A Geração Baby Boomer — nascidos entre 1946 e 1964 115

A Geração X — nascidos desde o final dos anos 1960/começo dos 1970 e 1980/1992 116

Geração Y — nascidos em torno de 1980/1982 e meados da década de 1990 117

Geração Z — nascidos a partir da segunda metade da década de 1990 e anos 2000 117

Promovendo o diálogo intergeracional 117

CAPÍTULO 11   Sobrevivência básica com as ferramentas digitais   123

Os Nativos e os Imigrantes Digitais   124

Qual tipo de Imigrante você quer ser?   126

Adquirir conceitos e vocabulário que provavelmente
ainda são grego para você   128

A escolha de boas ferramentas para navegar
o mundo digital   129

Formando uma coleção de pessoal de apps   131

Um recurso extraordinário sempre generosamente
à disposição: a inteligência humana em rede   136

Redes sociais   137

Ode ao tablet   139

Lembre-se disso: nunca tenha vergonha de não saber
escovar bits ou de programar!   142

CAPÍTULO 12   O futuro que já começou   145

Um libelo contra a aposentadoria   145

Uma vida ativa e produtiva em diferentes fases   149

A valorização do trabalhador de cabelo branco   151

CAPÍTULO 13. Uma nova mentalidade e o verdadeiro
segundo tempo da vida   155

O desafio de superar a mentalidade que transformou
o processo de envelhecimento humano em doença   156

A desconstrução que a ciência do século XXI está fazendo da ideologia do envelhecimento como doença — 160

Teoria da Seletividade Socioemocional — 164

CONCLUSÃO O tempo da reinvenção — 169

Prefácio

Imagine se, sem aviso e de forma surpreendente, uma geração fosse beneficiada com um bônus extraordinário, não exatamente um prêmio em dinheiro, mas algo muito mais valioso do que isso: a oportunidade de estender sua existência por mais vinte anos. No caso de você estar entre os felizes ganhadores, o que você escolheria fazer com esse tempo extra, que cá entre nós é um belo período, equivalente a quase um quarto da vida? Como você se prepararia para viver mais plenamente essa singular e espetacular oportunidade?

Isso é exatamente o que está acontecendo com as pessoas que nasceram a partir da década de 1960. Os beneficiados mais imediatos deste bônus são as pessoas que hoje, em 2013, têm entre 40 e 60 anos. Elas vão descobrir aquilo que muitos homens e mulheres sessentões descobriram recentemente: os 60 são os novos 40. Esta é, em suma, a grande descoberta dessas pessoas que serão as pioneiras de uma nova era da humanidade. Uma era na qual a linha demarcatória de chegada à velhice vai se deslocar bem mais para a frente.

Até a década de 1960 era comum à maioria das pessoas imaginar que, após cruzar a marca dos 60 anos, homens e mulheres viravam, invariavelmente, velhotes e velhotas — indivíduos que se transformavam em figuras queridas, passivas, assexuadas e contemplativas e que, de forma genérica, rotulamos de vovô e vovó.

Aliás, foi exatamente esse contexto de costumes que estimulou o beatle Paul McCartney a compor a canção "When I'm Sixty-Four", na qual, em versos escritos quando ele ainda tinha 16 anos, retratava dois velhinhos enamorados de 60 e poucos anos como se fossem um casal aposentado muito idoso e cercado de netos. Bem distante é a realidade atual daquela idealização de McCartney. Hoje, quem consegue ver como "vovozinhos e vovozinhas" indivíduos já setentões como Mick Jagger, Gilberto Gil, Caetano Veloso, Jane Fonda, Sophia Loren e tantas outras figuras públicas, inclusive o próprio McCartney, que continua ativo em sua vida de compositor e realizando turnês e shows mundo afora.

Mas não são apenas celebridades e estrelas que se afastaram do estereótipo do envelhecimento. Toda uma geração que hoje tem entre 60 e 80 anos está escolhendo e construindo uma outra perspectiva de estilo de vida. Observemos como nossos próprios pais e mães estão distantes da figura de "vovozinhos fofos". A nova atitude e o novo espírito do tempo os fazem encarnar personagens, ainda que mais velhos, muito distantes da imagem de fragilidade, do estado mais contemplativo e da passividade. Nos anos 1960, velho era quem cruzava a linha dos 60. Agora velho parece ser quem cruza a linha dos 80. Será que em mais algumas décadas velhinho será quem tiver cruzado a linha dos 90?

Ao longo da história, desde o surgimento de nossa espécie na Terra — isto é, o *Homo sapiens*, há 240 mil anos —, vigorou sempre o padrão demográfico: crianças e jovens em proporção esmagadora, adultos em idade reprodutiva em proporção menor ocupando o segundo lugar, e, finalmente, os mais velhos, em geral pessoas já fora da idade reprodutiva e produtiva constituindo uma minoria marginal. Entretanto, estamos a ponto de vivenciar como espécie uma reviravolta demográfica. Nas próximas duas décadas, a pirâmide etária que vigorou por milênios na história da humanidade vai ficar quase de cabeça para baixo.

Neste novo contexto, a instituição aposentadoria tal qual a conhecemos e entendemos, instituição que foi aperfeiçoada em várias fases desde sua criação durante as reformas do chanceler prussiano Bismarck no final do século XIX, vai perder completamente tanto seu significado quanto a sustentabilidade econômica.

Em seus primórdios, a equação econômica montada para a previdência e aposentadoria no Brasil calculava até 31 contribuintes na ativa para sustentar um aposentado. Hoje, mesmo com os sucessivos ajustes e reformas previdenciários, nos aproximamos da proporção de dois contribuintes para um aposentado.

Por outro lado, as pesquisas já apontam que as pessoas que estão chegando à idade de se aposentar estão mais interessadas em encontrar respostas para a questão "Por que me aposentar?" do que na pergunta "Como posso fazer para acelerar minha aposentadoria?". A natureza do trabalho mudou. Antigamente, a maior parte da humanidade se estuporava fisicamente no trabalho pesado nas fazendas, fábricas e minas. Agora a maior parte do trabalho pesado vai sendo executado por máquinas, com maior produtividade e sacrifício físico infinitamente menor para os seres humanos.

Na confluência de mudanças estruturais que viveremos sobretudo nesta segunda década do século XXI, as pessoas que pertencem às gerações entre a meia-idade e o início da velhice têm agora o desafio de aproveitar as novas e promissoras oportunidades para construir novos estilos de vida e novas instituições que vão lhes permitir estender a vida produtiva por pelo menos vinte anos.

Esses pioneiros do tempo vão abrir, para o restante da humanidade, as portas do que promete ser uma nova marca de meia-idade e uma nova perspectiva para as décadas finais da vida, traduzidas em uma existência mais extensa, mais plena de significado, mais participativa e com maior qualidade de vida. Vamos conseguir fazer dos 60 os novos 40?

CAPÍTULO 1

Aposentadoria
é para os fracos

A tenção todos os que cruzaram a linha dos 40: vamos preparar nossos planos de desaposentadoria? Que tal nos inspirar nesses senhores e senhoras que já cruzaram a marca dos 80 e estão longe de serem vistos como decorativos "velhinhos fofos"?

Quando ficar velho — eu, pelo menos! —, quero ser como aqueles homens e mulheres que encarnam um novo tipo de ser humano que envelhece mantendo a capacidade de ser ativo e produtivo. Quero envelhecer como o ministro João Paulo dos Reis Velloso e o fundador da Embraer, Ozires Silva, que estão firmes e fortes e continuam trabalhando de forma inspirada. Quero envelhecer como as celebridades do rock, de Eric Clapton a Mick Jagger, Caetano e Gil, que, setentões ou quase, não pensam nem por um momento em parar de criar e trabalhar enquanto tiverem saúde.

Recentemente, li uma entrevista de um empresário brasileiro, Eugênio Staub, 72 anos, fundador da Gradiente, empresa brasileira de eletroeletrônicos que andou passando por duras dificuldades devido à concorrência com multinacionais. Na verdade, há seis anos, a Gradiente quase faliu. Staub, porém, conseguiu tirar a empresa do buraco e na referida entrevista revelou os planos para a Gradiente voltar a ter papel de protagonismo lançando tablets, smartphones etc. Ele revela que seus planos são de seguir trabalhando como sempre fez, em média 12 horas por dia. Staub imagina que com saúde tem ainda uns sete ou oito anos de vida ativa pela frente. Vai diminuir um pouco o ritmo, mas não pretende deixar de enfrentar os desafios que enxerga à sua frente, e parece contente com essa rotina. Mesmo sendo um homem rico que poderia estar aposentado, ele explica de onde tira a energia para essa vida: "Não jogo golfe, não tenho barco. Meu hobby é este negócio."

Na verdade, vários estudiosos, demógrafos, antropólogos e cientistas sociais estão alertando para as evidências de uma mudança de padrão, com a formação de uma nova tendência de estilos de vida entre pessoas mais velhas. Mais e mais pessoas que poderiam se aposentar, ou que já estavam aposentadas, fazem planos de continuar no emprego ou de voltar a trabalhar. De maneira geral, essa perspectiva traz uma forte necessidade de ter que se reinventar. O importante nesse segundo tempo da vida, que as pessoas estão descobrindo que pode ser o tempo depois dos 50, é procurar se dedicar mais àquilo que dá efetivamente prazer, conciliar isso com oportunidades de ter uma renda extra, de continuar tendo convívio social com colegas que também estão na ativa e de continuar atualizado como ser humano contemporâneo de um tempo em que as mudanças e as inovações são a regra.

Qual o sentido dessas transformações?

O fato mais marcante em termos de demografia na passagem do século XIX para o XX foi o crescimento em proporção geométrica da humanidade. As melhorias nutricionais, de saúde pública e saneamento contribuíram para que a mortalidade infantil e das parturientes diminuísse de forma drástica. No início do século XX, os seres humanos sobre o planeta eram em torno de 1 bilhão e terminamos o século XX tendo ultrapassado a marca de 6 bilhões.

Felizmente começamos a desacelerar nos anos 1960, quando a humanidade começou a reduzir a taxa de natalidade de forma extraordinária, a ponto de alguns países já estarem antevendo a diminuição de sua população já nas primeiras décadas do século XXI, como é o caso do Japão, da Itália, da Alemanha e da Espanha. Se isso não acontecesse, como espécie, estaríamos em maus lençóis!

E o Brasil não fica fora dessa tendência. Uma mulher brasileira nascida nos anos 1960 tinha uma taxa de fertilidade de 6,2 crianças! Agora, graças ao aumento da escolaridade das mulheres e aos contraceptivos, essa taxa caiu para 1,8. Ou seja, a maternidade deixou de ser condenação para se tornar escolha. Além disso, a expectativa de vida do brasileiro, que era de apenas 33 anos no começo dos anos 1900, se encaminha agora para os 80 anos.

Disso tudo resulta que o fato mais marcante em termos demográficos neste início do século XXI é, sem dúvida, o vertiginoso aumento da proporção da população de idosos. Como consequência, a humanidade começa finalmente a rever a idealização da aposentadoria no momento em que o modelo previdenciário concebido na virada do século XIX para o XX vai sendo implodido em todos os lugares do mundo. Vamos rever essa idealização por pressão econômica e também porque vamos descobrir finalmente que trabalhar ao longo de toda a vida pode ser muito legal e gratificante e, inclusive, alongar ainda mais a longevidade.

Da mesma forma que estamos redefinindo a economia e o trabalho, redefiniremos a idade longeva e a aposentadoria. A geração que tem agora menos de 35 anos não conhecerá a aposentadoria no sentido que nossos avós e pais conheceram.

A entrada da humanidade na Economia do Conhecimento está criando inacreditáveis possibilidades de continuarmos ativos e produtivos mesmo dentro das condições físicas de idosos. E isso nos tornará mais saudáveis e menos deprimidos.

O guru de administração Peter Drucker, em seu livro *The New Society*, apontou ainda nos anos 1990 que, no século XXI, teremos certamente dois tipos distintos de força de trabalho, sendo uma parte dela composta por indivíduos com menos de 50 anos e outra parte pelas pessoas com mais. Estas duas forças irão diferir marcadamente em suas necessidades e comportamento.

O grupo mais jovem necessitará da renda estável de um trabalho permanente, ou pelo menos de uma sucessão de serviços em tempo integral. O grupo mais velho, que deverá ter crescimento rápido, terá muito mais opções, e irá combinar trabalhos tradicionais, não convencionais, e lazer nas proporções que mais se adaptarem ao seu perfil e disponibilidade.

Moral da história? Aposentadoria é para os fracos. Lembre-se: o diabo pode mais por ser velho do que por ser diabo...

e gente mais madura periga criar os melhores projetos de trabalho, que poderão ser verdadeiros hobbies bem encaixados em seus estilos de vida enquanto pessoas ativas e produtivas da Sociedade Digital Global e da nascente Economia do Conhecimento.

CAPÍTULO 2

A nova realidade demográfica e um insustentável sistema de aposentadoria

O título deste livro pode parecer ofensivo para muitas pessoas que atualmente vivem e desfrutam com dignidade de uma aposentadoria justa e merecida após muitas décadas de trabalho. Especialmente nossos pais e avós que têm hoje mais de 80 anos. Para essa geração que está entre 80 e 90 anos de idade, eu gostaria de esclarecer que o título *Aposentadoria é para os fracos* é muito mais um slogan provocativo dirigido às gerações abaixo dos 60 anos, em especial para os que estão entre os 30 e os 40, para alertá-los de que o sistema de aposentadoria que foi criado pela humanidade na virada do século XIX para o século XX não poderá continuar funcionando como veio acontecendo até aqui. Temos que ter senso de urgência e agilidade na procura por soluções inovadoras para os desafios que estão à frente.

Antes de mergulhar na discussão sobre a busca de soluções, acho que seria uma boa ideia deixar claro por que o sistema de aposentadoria vai entrar em colapso. Este é o objetivo das próximas seções deste capítulo.

Boas notícias: estamos vivendo cada vez mais tempo

Talvez pouca gente tenha consciência de que as transformações ocorridas ao longo do século XX — melhoria das condições de saneamento, alimentação, educação, progressos da medicina, ciência e tecnologia — resultaram em um bônus fantástico para toda a humanidade em termos de aumento da longevidade. O Brasil saiu muito bem nessa foto, como pode ser visto no salto que conseguimos dar, como mostra a figura 1.

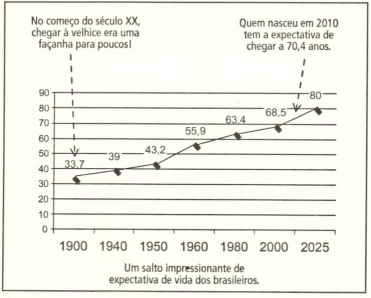

Figura 1 — A expectativa média de vida do brasileiro ao nascer registra forte tendência desde o século passado e deverá continuar nas próximas décadas.

Como contraponto aos progressos da longevidade, ainda bem que, para compensar, as mulheres passaram a ter menos filhos (figura 2). De outra forma, a população do planeta iria explodir.

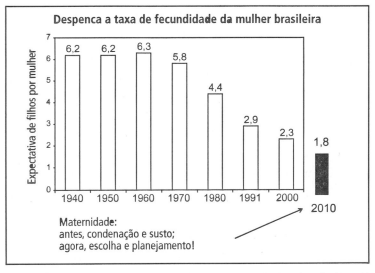

Figura 2 — Os dados censitários do IBGE mostram que desde a década de 1960 vem ocorrendo a redução acelerada do número médio de filhos por mulher no Brasil.

Isso aconteceu basicamente pelas melhores condições conquistadas pelas mulheres, incluindo o acesso à educação e ao mercado de trabalho e avanços científicos que possibilitaram meios mais eficazes de planejamento e controle reprodutivo.

As mulheres têm sido tão aplicadas na limitação do número de filhos, que um amigo meu costuma dizer que "o terceiro filho é uma espécie em extinção"!

A boa notícia para os indivíduos acarreta um novo problema para a sociedade

O aumento da longevidade aliado à redução drástica da taxa de reprodução mexeu com uma característica demográfica básica da história da humanidade, que era a chamada pirâmide etária. Até a década de 1960, crianças e jovens adolescentes constituíam a maior parte das sociedades. Em segundo lugar, em proporção significativamente menor, vinham os jovens e adultos em idade reprodutiva. O terceiro grupo era o dos anciãos, aqueles que não tinham força e vitalidade para o trabalho, que, em outros tempos, significava pesado esforço físico. Logo, esses anciãos dependiam fundamentalmente do suporte de adultos produtivos. Como o sistema de aposentadoria foi inventado há pouco mais de cem anos, a sobrevivência e a tranquilidade desses anciãos dependiam basicamente de ele ter gerado uma prole numerosa capaz de sustentá-lo.

A figura 3 retrata a evolução da pirâmide etária ao longo das últimas décadas e como nessa evolução ela veio deixando de ser pirâmide para ir se transformando em algo, digamos assim, mais trapezoidal!

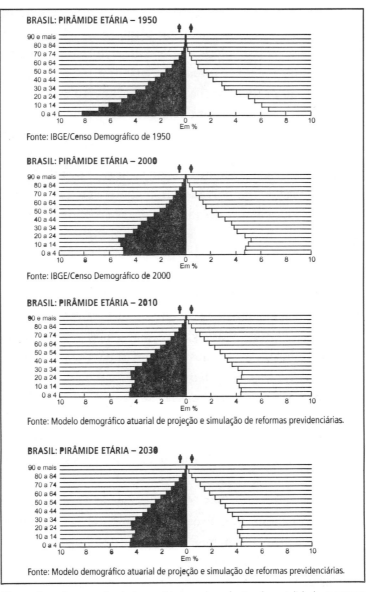

Figura 3 — O aumento da longevidade e da redução da natalidade mostram como a expressão "pirâmide" etária deixou de fazer sentido.

Com o passar dos anos, vai se tornando visível essa transformação da sociedade, tanto no plano mundial quanto no plano nacional: indivíduos mais velhos se tornarão mais numerosos que crianças e jovens. É o que os demógrafos costumam chamar de "demografia do envelhecimento".

Alguns países já sentem de maneira pronunciada os efeitos negativos dessa tendência da demografia do envelhecimento, principalmente o Japão e vários países da União Europeia. Essas nações estão "encolhendo" em termos de população. Isto porque a taxa de fecundidade das mulheres vem se mantendo abaixo de 2 há algumas décadas, o que corresponde a dizer que os casais não estão se repondo na face da Terra.

Se não são criadas novas políticas públicas para lidar com essa nova situação, a coisa pode ficar muito esquisita do ponto de vista de uma nação. Se os mais velhos são incentivados a parar completamente de contribuir de forma produtiva ainda muito cedo em suas vidas, via sistemas generosos de aposentadoria; se faltam indivíduos mais novos para realizar tarefas nas quais os mais velhos não têm interesse econômico ou que exigem vigor físico mais pronunciado, a partir de determinado momento surge uma situação insustentável tanto em relação à capacidade de produzir riqueza, na forma de serviços e produtos, quanto à própria sustentabilidade do sistema previdenciário.

Nessas circunstâncias, a demografia do envelhecimento pode se tornar uma bomba de efeito retardado. Esse fenômeno tem em seu primeiro momento um alívio da demanda de pressão de serviços públicos voltados para os jovens (por exemplo, escolaridade e educação). Esse primeiro momento é chamado de bônus demográfico. Se a sociedade não aproveitar essa chance para tornar os mais velhos mais produtivos do que a geração anterior, mais adiante, sem jovens para garantir a manutenção do ritmo de geração de riquezas, as coisas desandam. A China vai começar a sentir em breve os efeitos dessa "bomba" como consequência da "política do filho único" dos anos 1970. Nós, no Brasil, ainda temos um tempinho a mais para nos preparar.

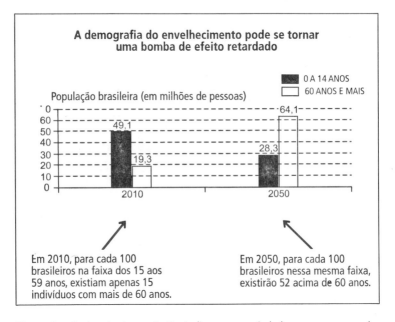

Figura 4 — Dados atuais e projeções indicam que sociedade, governo, mercado e as pessoas vão ter que se reinventar na perspectiva de uma humanidade onde os mais velhos se tornam protagonistas.

No entanto, a coisa fica muito esquisita mesmo é em relação ao sistema previdenciário, cuja lógica se baseia fundamentalmente em um acordo intergeracional que pressupõe que os contribuintes que estão na fase considerada produtiva de suas vidas carreguem o ônus de sustentar aqueles que se retiram da vida produtiva, isto é, aqueles que se aposentam ou sofreram algum tipo de restrição que os impede de trabalhar.

Figura 5 — Os dados históricos e projeções deixam muito clara a insustentabilidade do sistema de aposentadoria.

A figura 5 mostra como essa lógica, adequada à realidade demográfica de tempos que não voltam mais, vem sendo impossível de sustentar economicamente.

Essa é uma realidade que temos de encarar. Aumentar o tempo de contribuição, elevando a idade mínima para a aposentaria, não é o mais importante nesse debate. Esse é apenas um dos vários conceitos que teremos que rever. Os indivíduos vao ter que se reinventar antes que a sociedade, via políticas públicas, mude as regras do jogo.

O primeiro conceito que temos que rever como indivíduos é o nosso entendimento daquilo que chamamos ciclo de vida produtiva, que é o que vamos detalhar em seguida.

CAPÍTULO 3

Os 60 são os novos 40?

A entrada na velhice é uma marca móvel
para o *Homo sapiens*

Ao longo dos milhões de anos de evolução de vida no planeta Terra, no geral os seres vivos parecem ter um relógio biológico que estabelece, independentemente de gerações, um ciclo mais ou menos regular que vai do nascimento, infância, juventude, vida adulta, velhice e morte. Em praticamente todas as espécies o maior intervalo de tempo é o período da vida adulta. Tanto a infância quanto a velhice — etapas em que é necessário o amparo protetor de adultos — são lapsos extremamente rápidos.

Uma única espécie tem conseguido um feito excepcional em termos evolutivos, conseguindo elevar de maneira impressionante o seu tempo de vida, isto é, a longevidade média dos indivíduos. Além disso, esse aumento da longevidade, ou expectativa de vida ao nascer, corresponde a um aumento do tempo da fase que antecede a idade adulta e mais modernamente da velhice. Vou explicar.

Imagine se você tivesse nascido há 200 mil anos já como um representante da mais moderna linhagem dos bípedes conhecida como *Homo sapiens*. Se você tivesse 15 anos, seria considerado, no contexto daquela época, um ancião pelos seus contemporâneos. Ocorre que, devido a dificuldades e perigos da vida naqueles tempos remotos, e também à precariedade de meios de sobrevivência, nossos antepassados tinham uma vida muito curta. Usando modernos meios de datação, os pesquisadores concluíram que a longevidade deles era de apenas 15 anos. Assim, acima dessa idade, as chances de morrer eram muito altas. Isso o tornava tecnicamente um velho.

Agora imagine-se vivendo há 20 mil anos. Nesse tempo, o *Homo sapiens* ainda não tinha inventado nem a agricultura nem as cidades. Nesse contexto, vivendo como coletores e caçadores, expostos à escassez permanente, à fome e aos perigos do meio ambiente natural, a longevidade era de 20 anos. Era, entretanto, um progresso demográfico considerável se comparado ao padrão de outros mamíferos e espécies animais que se mantinham estáveis ao longo dos milênios. Essa extensão da longevidade era resultado de uma série de progressos técnicos que o habilidoso *Homo sapiens* desenvolveu, como uso do fogo, por exemplo, tanto para fins de alimentação quanto de fabricação de armas e utensílios para conservar líquidos e alimentos.

Vamos acelerar nossa máquina do tempo e aterrissar em épocas mais recentes. Primeiro vamos realizar uma passagem pelos tempos de Jesus de Nazaré. A expectativa de vida para aqueles que foram contemporâneos de Jesus era de 28 anos de idade. Nada mal. Um progresso de mais 8 anos em apenas 20 mil anos. Deixamos outras espécies animais certamente surpresas com nossa capacidade de estender o ciclo de vida de nossos semelhantes.

O mais surpreendente é que fomos acrescentando cada vez mais anos à nossa longevidade. E o mais interessante é que nossos estágios da vida foram se alongando. Inventaram-se inclusive estágios intermediários, como é o caso da adolescência.

O que intriga no alongamento da longevidade dos indivíduos de nossa espécie é que o processo não foi linear. O grande avanço se deu mesmo no século XIX, com um salto espetacular no século XX. Vamos detalhar esse processo.

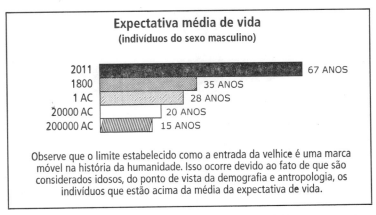

Figura 6 — Uma conquista extraordinária para a humanidade como um todo e que resulta em bônus de longevidade para cada geração que nasce.

Se adiantarmos ainda mais a nossa máquina do tempo, focando no começo da Revolução Industrial, poderemos notar três indicadores de que algo extraordinário aconteceu com o *Homo sapiens* que o tornou ainda mais singular entre todas as espécies no planeta.

Em primeiro lugar podemos constatar que ocorreu uma explosão demográfica, conforme observamos na figura 7. Essa gente toda veio a bordo porque conseguimos produzir mais alimentos, melhorar as condições de moradia, fornecimento de água e saneamento, os padrões de higiene, e também graças a avanços no desenvolvimento científico e da medicina.

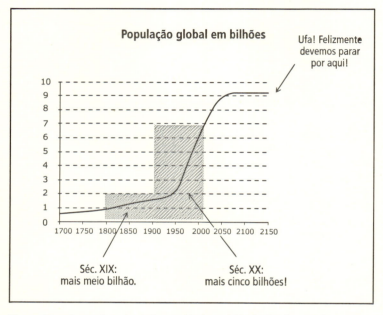

Figura 7 — O crescimento da humanidade está ligado fundamentalmente aos progressos resultantes da Revolução Industrial.

Mas essa gente toda não veio a bordo do nosso planeta apenas pela vontade das pessoas de fazerem mais bebês. Isso foi consequência de um salto quântico na produção dos mais variados tipos de bens e serviços que foram sendo estendidos globalmente em velocidade cada vez maior. A mistura de desenvolvimento científico e tecnológico e das relações de produção e mercado fizeram o milagre da multiplicação dos pães. E isso fica claro no gráfico da figura 8, que utiliza como indicador a evolução do Produto Interno Bruto (PIB) global.

Figura 8 — A Revolução Industrial desencadeia um processo de crescimento econômico sem precedentes na história da humanidade.

Esse feito extraordinário que a humanidade realizou de forma globalmente colaborativa fez com que outro milagre acontecesse em termos de um salto quântico na longevidade de nossa espécie. Apenas no século XIX nossa expectativa de vida média subiu 10 anos. Em seguida, no século XX, saltamos ainda mais alto: foram quase 30 anos a mais na expectativa de vida para aqueles que nasceram naquele século.

Redefinindo o tempo da vida produtiva, a velhice e a aposentadoria

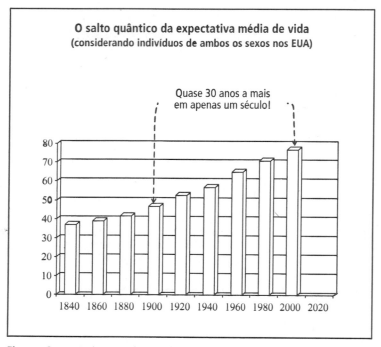

Figura 9 — Embora a longevidade dos seres humanos tenha crescido ininterruptamente ao longo de toda a história, o salto coincide com a arrancada que sofremos a partir da Revolução Industrial.

Toda essa dinâmica de mudanças fez com que a humanidade começasse a redefinir os estágios da vida humana entre o nascimento e a morte. Podemos dizer que ganhamos de presente de nossos antepassados, sobretudo dos que fizeram a história dos últimos dois séculos, um bônus de mais de trinta anos de longevidade. Se formos sábios, devemos acrescentar ainda mais anos a essa conta e, provavelmente, as gerações futuras estarão chegando aos 100 anos de longevidade em um futuro próximo.

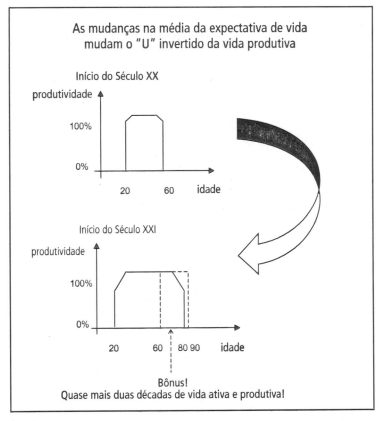

Figura 10 — Para as gerações nascidas após a Segunda Guerra Mundial, as transformações resultaram em uma espécie de bônus de longevidade que a maioria das pessoas ainda não percebeu.

OK! Ainda não foi descoberto o velho sonho da humanidade, que é a fonte da juventude, mas já dá para se divertir bem mais com 20 anos de atividade pela frente e não meramente no ócio passivo da aposentadoria, esperando a morte chegar.

Esse processo tem sido muito acelerado. No século XIX, Victor Hugo, que viveu em intensa atividade até sua morte aos 83 anos, já antecipava que o limiar da velhice tinha subido em relação ao dos nossos antepassados: "Quarenta anos é a velhice da juventude; mas 50 anos é a juventude da velhice."

Nesses novos tempos de Sociedade Digital Global, soa provocativa a frase de David Bowie, pop star inglês atualmente com 66 anos e que dá título a este capítulo e à nossa próxima seção.

"Os 60 são os novos 40!"

Será? Pode ser. Que tal analisar essa afirmação de Bowie vendo algumas ilustrações produzidas com base em estudos colaborativos de economistas, antropólogos e demógrafos, conhecidos como análises sobre o "U" invertido da vida produtiva?

A ilustração que mostra o "U" invertido do estilo de vida dos indivíduos do início do século XX retrata uma forma de viver em que a educação era restrita à fase jovem e objetivava dar ao indivíduo uma formação, digamos assim, uma carga de conhecimento suficiente para mantê-lo abastecido ao longo de toda a sua vida produtiva e profissional. A aposentadoria era a interrupção abrupta da vida produtiva com uma probabilidade de falecimento não muito distante. Os estudos atuariais mostram que, nos EUA dos anos 1950, as pessoas tendiam a morrer apenas oito anos depois de se aposentarem; hoje, esse número mais que dobrou.

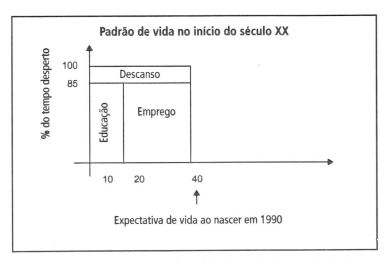

Figura 11 — Você se tornava vovó aos 40 anos. Afinal, as mulheres já eram mamães frequentemente antes dos 20. E os homens aos 40 já eram maduros começando a envelhecer.

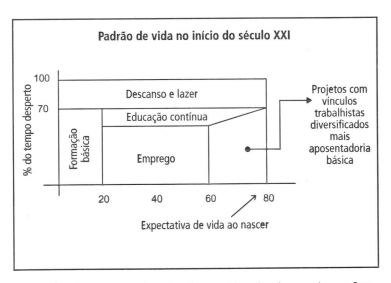

Figura 12 — Doravante a educação não se restringe às crianças e jovens. Passa a ser uma necessidade a ser nutrida da infância à velhice. É ela que nos qualifica e requalifica de forma recorrente ao longo de toda a vida.

A ilustração que procura caracterizar nosso tempo parece comprovar aquilo que Peter Drucker, um homem ativo até sua morte aos 96 anos, apontou tão sabiamente ainda nos anos 1990: que no século XXI teríamos certamente dois tipos distintos de força de trabalho: a dos indivíduos de menos de 50 anos e a dos indivíduos de mais — sendo que essas duas forças de trabalho irão diferir marcadamente em suas necessidades e comportamento.

Drucker identificava o grupo mais jovem com a necessidade de uma renda estável, de um trabalho permanente, ou pelo menos uma sucessão de serviços de tempo integral, sobretudo pelas imposições vindas de sustentar uma família com filhos em desenvolvimento da infância até o começo da idade adulta. O grupo mais velho, em que Drucker já identificava um crescimento acelerado, deverá ter muito mais opções, e irá combinar trabalhos tradicionais, não convencionais, e lazer nas proporções que mais se adaptarem ao seu perfil e disponibilidade.

É sobretudo com relação a essa segunda etapa da vida que os capítulos restantes deste livro pretendem refletir.

CAPÍTULO 4

A grande transformação

A s pessoas que hoje têm entre 40 e 60 anos estão tendo de lidar com as pressões e incertezas de um mundo que parece cada vez mais caótico. Nossa sensação de insegurança pode ser relativizada se entendermos que estamos, na verdade, realizando uma obra coletiva que é uma verdadeira transformação civilizatória.

É por isso que vivemos tão estressados. Pudera. Apenas gerações que viveram momentos de grandes conflagrações ou recuperação de catástrofes, como as guerras mundiais, por exemplo, tiveram uma sobrecarga cognitiva e emocional como a que está sendo exposta a pessoas na faixa dos 40 a 70 anos.

Entrando na era da Sociedade Digital Global

Nessa grande transformação nós temos três caminhos à frente. São três estratégias que devemos escolher, queiramos ou não:

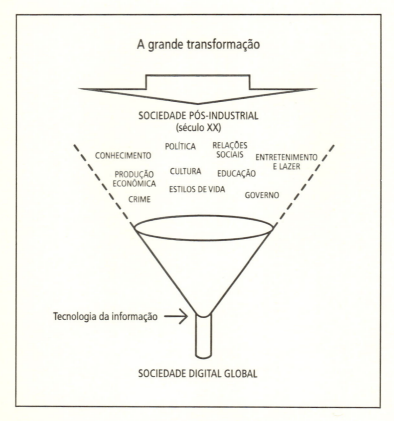

Figura 13 — A digitalização da vida humana em todas as dimensões.

O caminho da alienação da realidade

Seja por mera negação ou ceticismo, como a avestruz que enterra a cabeça na terra quando se sente ameaçada, desconfiamos que as mudanças terão um impacto radical em nossas vidas e deixamos de lado qualquer iniciativa de criar uma agenda para enfrentar essas mudanças.

O caminho da acomodação passiva

Acreditamos que não há muito a fazer em termos de iniciativas dinâmicas. É a atitude que entende que, frente às mudanças, só nos resta um comportamento reativo. E isso me lembra do voo da galinha, curto e desorientado. Essa é a estratégia típica de quem só muda quando está à beira do abismo. Evitar a mudança é absolutamente compreensível. Parece ser um comportamento tradicional da maioria dos seres humanos. Afinal, mudar é sempre um processo desconfortável, que pode inclusive causar dor.

O caminho do enfrentamento proativo

É o caminho escolhido por indivíduos que se sentem confiantes em sua capacidade de reinvenção, que se comportam de maneira proativa e não meramente reagindo aqui e ali às mudanças. A ave aqui é a águia. Acho que não preciso me alongar em argumentos para defender essa escolha, não é? Basta lembrar que não se criam águias em cativeiro para satisfazer nossos hábitos alimentares.

O voo da águia é um caminho incomum para a maioria das pessoas. Infelizmente, ao longo das nossas vidas, as instituições têm estimulado um comportamento massificador. Afinal, elas estão aí para estabilizar a vida humana em sociedade de forma a seguirmos em relativa ordem. Em última análise, as instituições servem para preservar o status quo.

Seria excelente se tivéssemos instituições que nos ajudassem a ser mais proativos e resilientes, isto é, agentes mais conscientes de mudança e ao mesmo tempo capazes de nos adaptar às próprias mudanças que geramos sem tantas dores e desconfortos, como estamos vivendo.

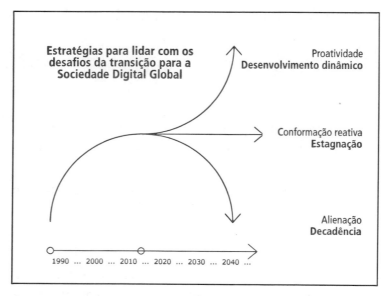

Figura 14 — A escolha do caminho a tomar é, em última análise, uma decisão individual para todos que têm entre 40 e 60 e poucos anos. Você já pensou no caminho que vai tomar?

Acredito que, nas próximas décadas, veremos a reinvenção de instituições capazes de produzir essa nova mentalidade de forma massificada. Particularmente espero que a humanidade consiga criar um novo sistema escolar que forme de maneira maciça indivíduos dessa natureza. Esse é o grande sonho que Jean Piaget, um dos maiores pensadores do século XX, exortou e profetizou:

> *A principal meta da educação é criar homens que sejam capazes de fazer coisas novas, não simplesmente repetir o que outras gerações já fizeram. Homens que sejam criadores, inventores, descobridores.*

Um sistema onde as escolas tenham essa missão será certamente capaz de formar milhões de novos indivíduos mais alinhados ao estilo da águia que ao da galinha. Enquanto isso não acontece, vamos ter que nos virar. Nos próximos capítulos, eu gostaria de compartilhar breves reflexões, inquietações e possíveis inspirações para aqueles que buscam voar como as águias.

CAPÍTULO 5

Já estamos na era da Economia do Conhecimento

*Necessitamos de uma teoria econômica
que coloque o Conhecimento no centro
do processo de produção de riqueza.*

PETER DRUCKER (QUE ESCREVEU ISSO EM 1993!)

Peter Drucker, o incomparável decano da administração, criou, em 1969, as expressões "Economia do Conhecimento" e "trabalhador do conhecimento". Desde aquela época até seus últimos dias, Drucker vinha cobrando dos economistas uma atualização de suas teorias; sempre nutriu certo ceticismo pelas teorias macroeconômicas. Ele insistia com os economistas na necessidade de que estes aprimorassem seus métodos de análise, para que a realidade da Economia do Conhecimento começasse a ser finalmente estudada. É verdade que Drucker reconhecia que os primeiros estudos começavam a aparecer no início da década de 1990, como o trabalho feito pelo economista Paul Romer, da California University, em Berkeley, e outros. Entretanto, ele via isso como insuficiente, e dardejava os economistas com frases instigadoras. "Até agora não existem sinais de um Adam Smith ou David Ricardo do Conhecimento", costumava disparar o velho Drucker.

O papel crucial da inovação sempre passou despercebido pela maioria dos economistas. Praticamente apenas um dentre os grandes economistas foi capaz de perceber a importância da inovação, que, como dizia Drucker, era "a aplicação do conhecimento para produzir novo conhecimento".

Joseph Schumpeter, economista amigo do pai de Drucker, foi o primeiro entre os grandes economistas a trazer para o primeiro plano, ainda nos anos 1930, a centralidade da questão da inovação e de sua consequência: a hoje tão falada "destruição criativa".

Schumpeter foi, na verdade, o primeiro e grande *scholar* a apontar que existe um ator — indivíduos e grandes empresas — que muda as regras do jogo econômico, justamente por sua capacidade criativa de produzir inovações. O mundo mudou radicalmente nos últimos duzentos anos, mas nenhuma das escolas econômicas conseguiu ainda desembarcar do confortável mundo da teoria macroeconômica newtoniana para encarar as formidáveis incertezas de nossa nova era.

Os economistas que não estão primeiramente comprometidos com o espírito de corpo ou com dogmatismos reconhecem que sua disciplina pode ir bem em termos de ajudar a microadministração, mas, como teoria geral, capaz de ajudar a fazer previsões, deixa muito a desejar.

Um dos mais renomados economistas pós-Segunda Guerra, John Kenneth Galbraith, costumava fustigar seus pares dizendo coisas como "a única função da previsão econômica é fazer a astrologia parecer respeitável" ou, então, "a economia é muito útil como forma de criar empregos para os economistas". No fim das contas, a economia é semelhante à maioria das ciências sociais e humanas: são teorias que permitem explicar, *a posteriori*, fatos passados, porém não são ferramentas adequadas para fazer antecipações e previsões.

De qualquer forma, a capacidade de introduzir inovações no processo produtivo — em ritmo e número cada vez maiores — nos força a reconhecer que vivemos em um mundo completamente diferente do mundo pós-Segunda Guerra. Qual é o nome desse novo sistema produtivo? Capitalismo Informacional, Economia da Informação, Sociedade da Informação, Mercado da Informação, Sociedade do Conhecimento, Mercado do Conhecimento, Nova Economia. Não importa. O que importa é reconhecer que a inovação, não meramente a inovação tecnológica, está nos empurrando para um bravo mundo novo.* Não é mais a capacidade de fabricar, mas de inovar, que importa! "Os setores econômicos que têm se movido para o centro da economia nos últimos quarenta anos concentram seus negócios em produção e distribuição de informação em vez de produção e distribuição de bens (...) De fato, qualquer que seja o setor ou a empresa que logrou crescer nos últimos quarenta anos conseguiu esse feito porque reestruturou a si próprio em torno de conhecimento e informação." Quem afirmou isso? Drucker, claro! No final dos anos 1990.

---

* Referência a música "Bravo mundo novo", da banda Plebe Rude, que, por sua vez, faz referência ao romance *Admirável mundo novo*, de Aldous Huxley. (*N. do E.*)

Os novos setores que são o motor da Economia do Conhecimento

Justiça seja feita, muitos estudiosos, tanto das ciências sociais quanto da tecnologia, têm tentado procurar relações de causa entre grupos de inovações e as transformações da sociedade, considerando tanto modificações quanto rupturas que acontecem e se refletem nos estilos de vida das pessoas e nos modelos organizacionais. Alguns desses estudiosos falam que a humanidade estaria entrando na sexta onda de inovações — uma série de ondas que teve seu início coincidindo com o contexto de três processos revolucionários que sacudiram a história da humanidade, que foram: a Revolução Industrial na Inglaterra, a Revolução Francesa e a Independência Americana. A história das ondas de inovações pode ser brevemente resumida da seguinte forma:

1ª. Onda — iniciada em 1785 com o protagonismo da energia hidráulica, mecanização da indústria têxtil e o ferro.

2ª. Onda — iniciada em 1845 quando a principal fonte de energia passa a ser a caldeira a vapor, o aço e o deslanchar da estrada de ferro.

3ª. Onda — iniciada em 1900 com o advento da energia elétrica, com o protagonismo da indústria química e do motor de combustão interna.

4ª. Onda — iniciada por volta de 1950 com o deslanche da petroquímica, da eletrônica, da aviação e do início da aventura espacial.

5ª. Onda — iniciada por volta de 1990 cujas duas forças diretivas são a tecnologia da informação e da biotecnologia.

Muitos desses estudiosos ressaltam que uma inovação não consegue se tornar dominante *per se*. A inovação não é meramente uma invenção. Para se tornar parte do mainstream, isto é, para se tornar uma forma aceita universalmente, digamos assim, uma inovação depende de uma série de circunstâncias. Por exemplo, os primeiros protótipos industriais de carros movidos a motor elétrico e motor a combustão foram concebidos e desenvolvidos simultaneamente em meados do século XIX. Embora o carro elétrico seja melhor, mais fácil e mais barato de fabricar e manter, a descoberta de uma fonte de energia barata na forma de petróleo, no começo do século XX, acabou por tornar o motor a combustão interna o modelo prevalente. Por isso, hoje existem quase 1 bilhão de veículos movidos a combustível fóssil rodando no planeta, contra uma frota de menos de 100 mil veículos elétricos.

Estudiosos mais conscientes das armadilhas de fazer predições e estimativas de cenários deixam de lado pretensões cientificistas e olham para o futuro de forma mais criativa e, ao mesmo tempo, realista. Com isso, tentam avaliar possíveis inovações tecnológicas contextualizadas nas condições do mercado e da sociedade. É esse contexto, sobretudo, que poderá interagir com a inovação, gerando um círculo virtuoso para fazê-la florescer e criar a "destruição criativa". A concepção de cenários é um jogo de apostas, palpites a respeito do que pode ou não dar certo. É mais arte do que ciência — afinal, as únicas coisas certas na vida são os impostos e a morte, como já dizia o velho ditado.

Qual é a próxima onda de inovação? Como será essa tal de Sexta Onda de inovações? Dentro dessa perspectiva de criar um cardápio de futuros prováveis, analistas de mercado, cientistas sociais e consultores estão apontando duas grandes condições que deverão validar — ou não! — as inovações emergentes. Em primeiro lugar, a sustentabilidade, e, depois, a questão da demanda cada vez maior por soluções mais individualizadas (também chamadas de customizadas) por parte de consumidores — sejam indivíduos ou empresas.

Para as pessoas mais maduras que querem se reinventar e se tornar contemporâneas dos novos tempos da Sociedade Digital Global, é oportuno nos anteciparmos aos economistas tradicionais, que na verdade ainda estão presos a uma mentalidade que não consegue navegar em direção ao futuro.

Essa mentalidade antiquada ainda vê a produção de riquezas de acordo com uma divisão tradicional da economia em setores primário, secundário e terciário. Até mesmo os jovens do ensino médio sabem que os setores da economia que se consolidaram ao longo do século XX são o setor terciário, agregando serviços e comércio; o setor secundário, agregando as atividades industriais tradicionais, sobretudo a produção de manufaturados; e, finalmente, o setor primário, que congrega a agricultura e o extrativismo.

Para avançar em direção ao futuro, o primeiro passo é entender que a criação de riqueza, a produção em nossa sociedade, tem mais dois setores expressivos, além daqueles três tradicionais. Esses dois novos setores vão se tornar cada vez mais dominantes na Economia da Sociedade do Conhecimento. São eles o setor quaternário e o setor quinário.

Perguntadas sobre o que significam esses termos — experiência vivenciada por este autor! —, nove entre dez pessoas, mesmo aquelas que estão envolvidas com o ambiente de novos negócios, dirão: "Quaternário? Quinário? Que bichos são esses?"

Poucas pessoas se dão conta de que a natureza do trabalho realizado no mundo muda muito mais rápido do que temos capacidade de perceber. Quer exemplos? Os empregados domésticos na Grã-Bretanha constituíam um terço dos trabalhadores em 1913. O empregador doméstico era simplesmente o maior empregador naquela sociedade. Hoje, nos países plenamente desenvolvidos, o empregado doméstico existe apenas em casas de milionários, ou seja, ele praticamente não existe. Aliás, essa é uma característica do amadurecimento de uma sociedade rica: o trabalhador doméstico virtualmente desaparece.

Da mesma forma, fazendeiros são uma espécie em extinção nesses países. Nos Estados Unidos, menos de 2% trabalham no setor agrícola. Nos demais países industrializados, a taxa de ocupação de pessoas no agronegócio é igualmente baixa, chegando, no máximo, a 8% da força de trabalho.

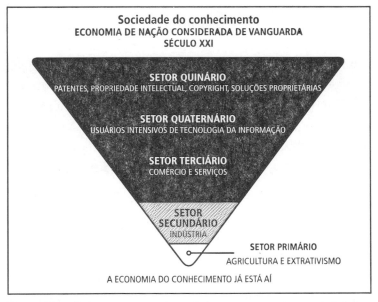

Figura 15 — Embora os economistas ainda segmentem nossa sociedade em três setores, a verdade é que a geração de riquezas tem hoje uma nova e mais sofisticada realidade.

Da mesma forma, nesses países, o operário (tal como aprendemos a chamar aqueles que em geral trabalham em fábricas) vai sendo, aos poucos, uma categoria que encolhe de forma dramática. Mesmo em grandes empresas de manufaturados, esse tipo de trabalhador já corresponde a menos de 15% da força de trabalho nos Estados Unidos e na Europa Ocidental. A redução dos setores tradicionais nos países maduros vai se tornando mais acelerada à medida que as empresas manufatureiras transportam suas unidades fabris para países emergentes como China e Índia. Afinal, por que não fazê-lo dentro de uma lógica de ganho de produtividade tendo em vista que, nos mercados emergentes, os custos de mão de obra serem muito mais baixos e a sindicalização, muito menos problemática?

Assim, nos próximos anos, o que podemos esperar é que, quanto mais pujante for uma nação em termos de desenvolvimento econômico e progresso de modo geral, menos pessoas estarão trabalhando nos setores primário, secundário e terciário. Se essa é a tendência, onde veremos essas pessoas trabalhando? Vejamos o que são os tais dos setores quaternário e quinário.

O quaternário: as usinas e fábricas da Sociedade do Conhecimento

Cada vez mais, veremos as organizações cuja matéria-prima sejam dados mantidos em bases computadorizadas ganharem evidência e importância. A base de dados não é conhecimento em si, é matéria-prima que necessita ser processada para se tornar, então, conhecimento de fato, que é informação com maior valor agregado. Centros de processamento, serviços financeiros, bancários e de seguros, burocracia de governo, call centers, provedores de telecom, provedores de serviços de solução em TI (hardware e software), enfim, todos aqueles serviços de agregação de valor a dados estocados em bases computadorizadas, sejam eles diretos ou indiretos, podem ser entendidos como um novo setor importante da Economia do Conhecimento. Parte considerável da economia nos próximos anos será codificar a informação no formato base de dados digital e, em seguida, processar a informação para transformá-la em conhecimento. As cadeias produtivas dessas atividades podem ser categorizadas como o setor quaternário.

SETOR QUATERNÁRIO: AS FÁBRICAS DE BITS E BYTES

AS USINAS E FÁBRICAS
DA SOCIEDADE DO
CONHECIMENTO,
ONDE A MATÉRIA-PRIMA
SÃO BITS E BYTES

ALGUNS EXEMPLOS:
> DATA CENTER
> CALL CENTER
> PROVEDORES DA "NUVEM DA COMPUTAÇÃO"
> FORNECEDORES DE TI
> TELECOMUNICAÇÃO
> USUÁRIOS PESADOS DE INFORMÁTICA COMO SERVIÇOS FINANCEIROS (BANCOS, SEGUROS ETC.)

Figura 16 — Quais são os grande atores deste novo segmento de produção de riquezas?

Os trabalhadores desse setor conseguirão seus contratos de trabalho — quase sempre projetos temporários e de vínculos mais flexíveis em comparação aos do século XX — não por força de negociação sindical, mas graças à especialização conseguida por meio de processos permanentes de educação e requalificação, tanto por intermédio de atividades pagas e escolhidas por eles próprios quanto por seus contratadores. Progressivamente, assistiremos à mudança de foco na educação profissional, que passará, aos poucos, das escolas para as organizações produtivas. O setor quaternário será uma grande escola. Precisamos somente analisar como empresas como Microsoft, Oracle, Cisco, SAP e muitas outras do setor de tecnologia da informação qualificam, elas próprias, exércitos de trabalhadores que prestarão serviços em empresas usuárias de seus produtos.

Esse trabalhador do conhecimento buscará, de forma ativa, alocar a si mesmo em organizações nas quais possa, simultaneamente, receber seu pagamento e ter acesso a melhores perspectivas de ascensão. Para esse trabalhador, a filiação sindical não deverá constituir um atrativo. A rede de relacionamento social entre pares será muito mais comum e eficaz do que um sindicato, em termos de possibilitar a abertura do leque de alternativas de trabalho. Essas redes funcionarão de forma similar às redes sociais na internet, que os adolescentes já tornaram parte de suas vidas.

Setor quinário: as usinas de reconstrução e destruição criativa

Por sua vez, o setor quinário deverá representar o motor essencial de criatividade e inovação da economia, ou, se quisermos seguir Peter Drucker, da Sociedade do Conhecimento. A importância de uma nação na Economia do Conhecimento ficará mais evidente com novos indicadores macroeconômicos que espelhem a capacidade de oferecer respostas criativas e alternativas ao status quo, por intermédio da introdução de inovações disruptivas, como, por exemplo: o número de registro de patentes, de investimentos em pesquisa e desenvolvimento (P&D), da proporção de trabalhadores do conhecimento que estejam alocados a esse setor.

Figura 17 — O segmento que promove a destruição criativa e a reconstrução digital da economia do século XX.

Os trabalhadores do setor quinário são mais qualificados para criar inovações do que os trabalhadores do setor quaternário. Os trabalhadores do quinário são indivíduos envolvidos na produção de patentes, de copyright e de *trademark*. São os grandes desenvolvedores de soluções inovadoras — os fabricantes de verdadeiras *killer applications*. Esta designação não se restringirá à tecnologia da informação. *Killer applications* podem ser obras de arte, patentes de alta tecnologia, soluções consultivas, eventos culturais, produção de conteúdo midiático, criadores de moda, de design, gastronomia etc. *Killer application* é tudo aquilo que entra em nossas vidas e nos faz exclamar: "Não sei como as pessoas faziam para viver antes disso!"

Além da produção de patentes em alta tecnologia, especializações subsetoriais típicas do quinário já podem ser identificadas nas seguintes atividades: entretenimento, produção editorial, filmes e games, produções culturais e de shows, artes plásticas, artes cênicas, artes musicais, eventos e feiras de negócios, exposições dos mais variados gêneros, consultoria de alto nível (boutiques), serviços médicos de alta qualificação, escolaridade corporativa (escolas de negócios), universidades de classe mundial etc., e também muitos outros tipos de atividades que o engenho e a arte humana ainda vão inventar...

Muitas lideranças de várias nações e regiões pelo planeta ainda irão lutar para atrair e estimular a criação de refinariás, siderúrgicas, extrativismo e agronegócios em seus territórios. Boa parte ainda continuará investindo esforços e desenhando políticas para atrair fábricas que funcionam como plataforma de exportação. Muitos seguirão empenhando esforços para elevar a produção de commodities e a extração de recursos naturais, como petróleo, soja e minérios. No entanto, esse é o caminho de volta ao passado: o caminho da velha economia. Mais cedo ou mais tarde, até mesmo as lideranças do atraso acabarão entendendo que a onda que leva ao futuro é a Economia do Conhecimento. Quem investir na preparação de trabalhadores para os setores quaternário e quinário é quem dará as cartas na Sociedade Digital Global.

CAPÍTULO 6

As organizações de conhecimento

Precisamos ativar uma nova mentalidade para compreender as organizações como organismos capazes de evoluir. Para isso, devemos mudar nossa forma de ver a realidade, como se as sucessivas crises fossem algo extraordinariamente excepcional. A crise deve ser vista como o próprio desenvolvimento. O que tem permanência é o estado de turbulência e incerteza, diferentemente do que fomos ensinados a esperar que fosse a realidade. A crise faz parte da realidade "caórdica" que vivemos, isto é, da realidade que traz de forma integrada o caos e a ordem. Portanto, melhor que uma boa resiliência, é a capacidade de mudar, porque voltar às condições normais é um objetivo elusivo.

Seria interessante fazer uma categorização sobre a capacidade das organizações de inovar e mudar. Nesse sentido, achei que uma representação em um gráfico de quatro quadrantes seria produtiva. Imagine que um eixo qualifique a capacidade de inovar de uma organização e o outro, a capacidade de mudar. Adotando essa técnica classificatória, poderíamos dizer que:

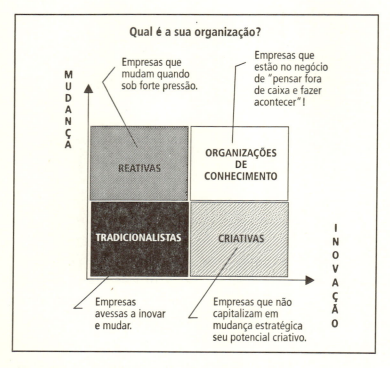

Figura 18 — Uma tentativa de classificação dos tipos de organização/empresas segundo sua capacidade/habilidade de inovar e mudar.

- Organizações tradicionalistas: São aquelas avessas a qualquer tipo de inovação ou mudança. Exemplos característicos: Igreja Católica, exército, montadoras de automóveis, órgãos governamentais etc.

- Organizações reativas: São aquelas que não inovam, mas que, desafiadas pelas condições do meio ambiente externo e pela pressão competitiva, conseguem realizar mudanças. Exemplos: empresas de mídia de massa (televisão, rádio, jornais, revistas, editoras), companhias aéreas, empresas do setor varejista etc.

- Organizações criativas: São aquelas novidadeiras e que conseguem produzir um sem-número de inovações, as quais, digamos assim, são "variações em torno do mesmo tema". No fundo, acabam se parecendo umas com as outras. Exemplos: empresas de telecomunicação celular, agências de publicidade, a maior parte das empresas de TI etc.

- Organizações de conhecimento: São as organizações que lideram ao criar inovações e mudar as regras do jogo, impondo suas novas regras aos demais players. Exemplos: Google, Cisco, Apple, Odebrecht, Promon, Natura, e mesmo organizações sem fins lucrativos como o Greenpeace.

As organizações não estão condenadas a permanecer eternamente em uma dessas condições. Pelo contrário, a cada momento o posicionamento de uma organização pode mudar, devido a fatores internos (como mudança de liderança, por exemplo) ou externos (como entrada de novos players, novas tecnologias, mudanças de marco regulatório imposto pelo governo etc.).

Vejamos alguns casos emblemáticos de mudança de posicionamento. Tomemos o caso da Microsoft, empresa líder da Nova Economia desde os anos 1980. A Microsoft foi criada em 1975 e se tornou uma das mais importantes empresas mundiais, permanecendo na liderança do setor de TI até meados dos anos 1990. Entretanto, o sucesso do protocolo www (World

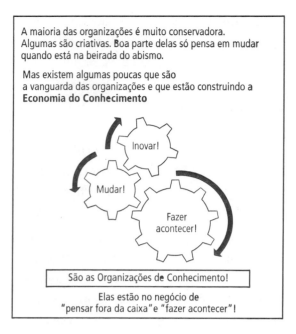

Figura 19 — O que fazem as tais organizações de conhecimento.

Wide Web), criado pelo cientista inglês Tim Berners-Lee enquanto trabalhava no Centro Europeu de Pesquisas Nucleares (CERN), em 1989, e tornado público em 1992, abriu uma brecha estratégica de oportunidades que não foi bem avaliada e compreendida pela Microsoft. Essa percepção ficou clara apenas em 1994, quando o navegador Netscape, criado por um jovem de apenas 21 anos chamado Marc Andreessen, passou a ser distribuído gratuitamente aos milhões via download, pois tornava imensamente mais amigável a navegação na internet. A partir daí, a Microsoft percebeu que o futuro era a internet, e não os computadores em rede privada isolados entre si. Foi quando apareceu o navegador Internet Explorer, que, desde então, colocou a Microsoft em uma posição de empresa reativa.

Um caso de empresa que deixou uma posição tradicionalista e se tornou uma organização de conhecimento foi a finlandesa Nokia. Fundada em 1865 e tendo como foco inicial de negócio a produção de celulose, a empresa cresceu e se diversificou ao longo do século XX em uma grande variedade de outras atividades, desde cabos para telecomunicações, pneus, artigos de borracha, alumínio, equipamentos elétricos etc.

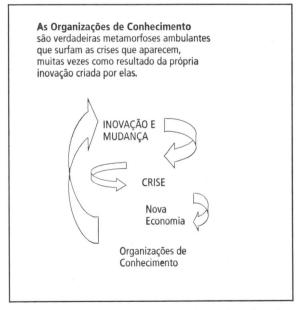

Figura 20 — O ciclo virtuoso de inovação e mudança do qual as Organizações do Conhecimento são o motor.

Ao longo dos anos 1970 e 1980, diversas consolidações e modificações foram sendo feitas, de modo que a Nokia foi se tornando mais focada em telecomunicações. Sob o comando de Jorma Jaakko Ollila, CEO da holding no período de 1992 a 2006, a Nokia tomou a histórica decisão de focar somente em telefonia celular e em redes de telefonia. Foi nesse contexto que a empresa se tornou uma gigante mundial de telecom, na categoria de organização e conhecimento. A Nokia é, atualmente, um exemplo de organização reativa devido ao protagonismo agressivo de outras empresas que invadiram o território dos dispositivos móveis, como a Apple, Google e Samsung.

A Cisco, empresa líder no setor de redes de computadores e responsável por boa parte da "tubulação" da internet, da qual o usuário final não toma sequer conhecimento, é um caso exemplar de empresa altamente criativa que consegue, ao mesmo tempo, mudar e garantir sua posição de game-changer. Parte da vitalidade em termos de inovação é garantida por uma política de aquisições de empresas pequenas que se destacam por estarem trazendo soluções altamente inovadoras. Foram quase duzentas aquisições ao longo da história da Cisco. Paralelamente aos esforços em inovação, a empresa busca, de forma permanente, estar à frente em termos de previsão de cenários e avançar para esses cenários de forma agressiva. Isso tem garantido à Cisco um rejuvenescimento mesmo depois que ela alcançou o estágio de empresa madura, no qual a maioria das empresas tende a se tornar burocrática e difícil de mudar.

A grande pergunta a que nossa categorização não responde é como, no meio de incertezas crescentes, as grandes organizações podem estabelecer uma forma de gestão na qual os líderes criem condições e um ambiente para que os talentos criativos e os demais colaboradores possam, de fato, se sentir encorajados a assumir uma atitude game-changer.

O que quer dizer "pensar fora da caixa"?

Essa é uma expressão que se tornou conhecida mundialmente nas empresas e depois ganhou outros espaços institucionais, até mesmo na política. Alguém capaz de analisar e propor

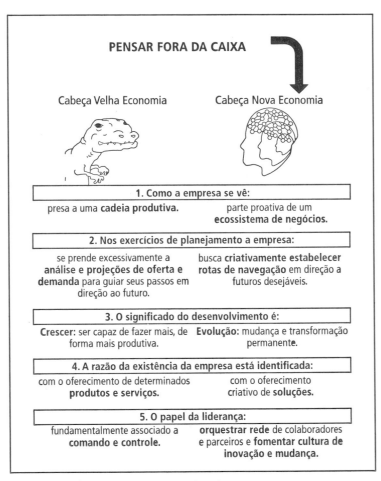

Figura 21 — Exemplo do que é pensar fora da caixa.

soluções inovadoras que não estão imediatamente visíveis para a maioria das pessoas é alguem capaz de pensar fora da caixa.

Mais especificamente nas empresas, costuma-se identificar como líder que "pensa fora da caixa" uma pessoa que consegue elaborar estratégias e soluções baseadas em uma mentalidade não convencional, que consegue enxergar um determinado desafio de ângulos distintos que não são óbvios (pelo menos à primeira vista) para o chamado senso comum e é a pessoa que, a partir dessas sacações criativas, em vez de seguir receitas tradicionais de gestão é capaz de propor novos rumos de forma criativa e ousada. O quadro anterior confronta a mentalidade antiga e a mentalidade mais arejada e que busca criar soluções inovadoras.

CAPÍTULO 7

O desafio da sustentabilidade

A era da procrastinação, das meias medidas,
dos expedientes que acalmam e confundem, a era
dos adiamentos está chegando ao fim. No seu lugar,
estamos entrando na era das consequências.

WINSTON CHURCHILL

Um dos problemas para as pessoas que nasceram entre os anos 1960 e 1980 é que elas foram formadas numa época em que a preocupação com o meio ambiente era ainda incipiente ou praticamente nula. A busca do desenvolvimento e do crescimento econômico nos deixou cegos para os impactos que nossa sociedade impunha ao ambiente natural do planeta.

Foi nos anos 1990 que fomos — graças sobretudo aos alertas de ativistas e cientistas — lentamente nos dando conta de que nas atividades extrativistas, na produção e no consumo, criamos uma forma insustentável de progresso.

O sinal vermelho finalmente apareceu neste início de século XXI, quando os indicadores de aquecimento da atmosfera do planeta foram amplamente admitidos. Hoje restam poucas vozes ainda céticas e ao mesmo tempo isentas de interesses de lobbies econômicos que questionam essa realidade.

Qualquer pessoa que pretenda ter um papel ativo e protagonista deve encarar o desafio de pensar respostas que considerem o desafio da sustentabilidade como parte do problema que temos que enfrentar nas empresas, nas organizações, no governo e mesmo em nossas vidas pessoais.

Não pretendo me alongar aqui na questão da sustentabilidade. Meu interesse é muito mais motivar o leitor a considerar um ponto de partida simples, mas inspirador, para então, por si mesmo, construir uma perspectiva mais ampla desse desafio que, na verdade, diz respeito ao nosso compromisso em termos de legado que deixamos para as gerações futuras. Colocar a busca pela sustentabilidade como uma das questões centrais do desenvolvimento da humanidade implica criar um modelo inovador de progresso, tanto na esfera da extração e cultivo das riquezas naturais quanto na esfera da produção industrial e dos serviços em geral e também na própria esfera do consumo. Tudo isso considerando soluções que não destruam o meio ambiente natural e consequentemente o planeta, que deve ser entendido como o mais importante legado que uma geração pode passar à outra.

E qual seria basicamente esse ponto de partida?

Eu diria que a preocupação deve se concentrar sobretudo em dois pilares: energia e resíduos. Se, de forma sistemática, você pensar e problematizar esses dois elementos basilares, estará perseguindo promissoras pistas.

O problema da energia

É simples assim a questão da energia: estamos usando a fonte errada, e ao usá-la produzimos CO^2, o que torna a atmosfera do nosso planeta mais quente porque aumenta a retenção do calor que recebemos do sol. Antes pensávamos que o problema era que as energias não renováveis corriam o risco de acabar. Principalmente o petróleo. Veja a figura a seguir para melhor entender esse ponto.

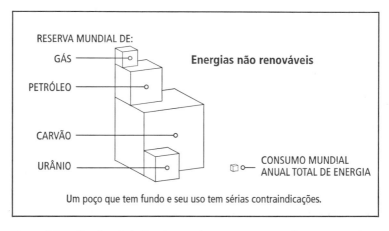

Figura 22 — Combustíveis fósseis e nuclear se tornaram as fontes energéticas usuais.

O que está representado pelas caixas são as reservas naturais de energia que são finitas e, portanto, esgotáveis: carvão, petróleo e gás (chamados de combustíveis fósseis), além do urânio, principal fonte de energia nuclear. A cada ano que passa, a humanidade usa o equivalente à caixinha que está à direita na figura. Temos o suficiente ainda para muitas e muitas gerações, o que é apenas aparente, pois o consumo sobe de forma assustadora com o crescimento da demanda por parte de países emergentes, principalmente China, Índia e Brasil, e dos demais países em desenvolvimento.

Para um planeta onde tenhamos 9 ou 10 bilhões de habitantes em uma sociedade globalizada com os padrões de consumo e estilos de vida, que sigam, por exemplo, padrões elevados tal como os nos EUA, as caixinhas que representam o consumo atual deverão crescer em uma proporção entre dez e vinte vezes o tamanho da atual. Isso significa que as caixas que estocam nossa energia no planeta vão igualmente se esvaziar a uma velocidade análoga.

Entretanto, o que constatamos recentemente com a evidência de que a mudança climática está acelerada é que não podemos seguir torrando o estoque de combustíveis fósseis do planeta simplesmente porque o equilíbrio da nossa atmosfera está em risco devido às emissões de CO^2 e outros gases (os vilões do efeito estufa). Mesmo que tivéssemos quantidades ilimitadas de combustíveis fósseis, não poderíamos seguir queimando-os para satisfazer nossas necessidades energéticas. Isso é uma temeridade e irresponsabilidade por parte dos políticos e denota claramente uma enorme ignorância por parte da sociedade como um todo para os riscos de seguirmos este caminho. E a energia nuclear? Não é uma fonte limpa em termos de impacto climático? "Energia nuclear é como usar o inferno para ferver água", já dizia com propriedade e autoridade ninguém menos do que Albert Einstein.

Infelizmente, a energia nuclear é ainda mais temerária e arriscada do que os combustíveis fósseis. O problema maior não é apenas o risco de um outro desastre como Fukushima ou Chernobyl, embora esses riscos sejam imensos, como ficou patente depois de Fukushima — afinal, ninguém ousava esperar temeridade dos japoneses —, e um desastre pode acontecer novamente com qualquer uma das 430 usinas nucleares operando em 31 países. Felizmente, vários países importantes estão desativando seus reatores, como é o caso de Alemanha, Bélgica, Suíça, o próprio Japão pós-Fukushima, Áustria, Suécia, Itália. Depois de Fukushima, vários outros países colocaram a expansão de seus programas nucleares na geladeira, sobretudo por causa dos custos das seguradoras, que se tornaram muito mais salgados.

O outro "x" da questão da energia nuclear é o lixo nuclear. Esse lixo é algo que se acumulará cada vez mais e que só pode ser estocado em locais de segurança máxima. A radioatividade desse lixo persistirá ainda por centenas de gerações, por milhares de anos. É um risco que não temos como controlar. As mudanças ambientais, por um lado, e as mudanças geopolíticas da humanidade, por outro, são tão incognoscíveis, sobretudo ao longo de milhares de anos, que as centenas de milhares de barris blindados de lixo nuclear acumulados poderão vazar, ser abertas de forma inadvertida ou usadas como bombas sujas por organizações e Estados terroristas. É o pior dos lixos que uma geração pode deixar no planeta. É a verdadeira herança maldita.

O economista alemão E.F. Schumacher, que criou o slogan *Small is beautiful* nos anos 1960, costumava dizer sobre os riscos da energia nuclear: "Nenhum grau de prosperidade pode justificar o acúmulo de quantidade tão grande de substâncias altamente tóxicas, as quais ninguém sabe como tornar 'seguras' e que deverão permanecer um perigo incalculável para eras futuras tanto do ponto de vista geológico quanto do histórico."

Não podemos esquecer que, além disso, a energia nuclear é a mais subsidiada pelos governos em qualquer parte do mundo. Sem subsídios pesadíssimos, ela não é de forma alguma viável. Os políticos mundo afora embarcam nessa canoa dos subsídios controversos da energia nuclear muito fortemente por causa de segundas intenções. Avisam que embarcam no acesso e na maestria da tecnologia nuclear para fins pacíficos, mas sabem que daí para as aplicações armamentistas é um passo muito menor. Assim, o poder militar justificaria o controverso apoio do contribuinte. Nunca, em nenhum país do mundo, as contas de investimento em energia nuclear para fins pacíficos fecharam com a venda de energia realizada. Essa é uma verdade bem conhecida.

Assim, tudo de bom que você ouvir sobre a energia nuclear, desconfie. É argumento de lobista.

E aí, como ficamos então?

A resposta está na figura a seguir. Veja agora que está sendo retratado um enorme cubo (do lado de fora do desenho). Esse cubo grandão representa a quantidade de energia solar que incide sobre o planeta Terra anualmente. Vamos repetir: a-n-u-a-l-m-e-n-t-e!

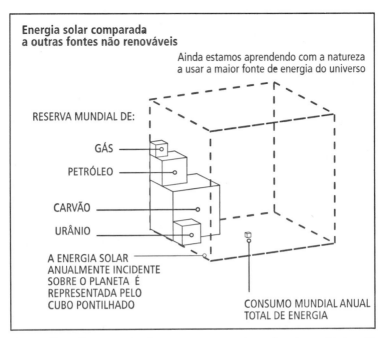

Figura 23 — Uma comparação que apenas recentemente a humanidade está começando a fazer.

Esse é um esquema utilizado pelo professor Stefan Krauter, do Instituto Fotovoltaico de Berlim, um dos maiores especialistas mundiais em energia solar, para convencer as pessoas acerca da coisa certa a fazer.

A energia solar é a fonte renovável mais óbvia que uma humanidade tecnologicamente mais avançada e mais sábia deve considerar para afastar, de uma vez por todas, os riscos de entrarmos em uma espiral crescente e irreversivelmente incontrolável de aquecimento planetário. Mas a energia solar não é a única!

Sol, vento, marés, calor da terra, energia de processos biológicos. Essas são as fontes de energia que precisamos aprender a manejar e onde podemos ter esperança no sentido de seguir um caminho sustentável. A imaginação e a criatividade a serviço de alcançar proficiência no manejo das energias renováveis vão nos fazer distanciar milhares de séculos daquela velha humanidade que ao longo dos tempos vem retirando dos combustíveis fósseis sua cota diária para satisfazer as necessidades energéticas.

Apenas o sol pode responder por todas as nossas necessidades de energia. Podemos estar começando uma era da economia solar que se estenderá durante milênios, e um historiador do futuro há de falar um dia da insanidade que foi a era do petróleo, na qual a humanidade embarcou há pouco mais de 150 anos.

Energia renovável é, em síntese, uma forma de "pensar fora da caixa" o desafio de encontrar alternativas às fontes tradicionais de energia baseadas em combustíveis fósseis ou no urânio. Vejamos uma síntese no quadro da figura 24.

FORMA DE TRANSMISSÃO E APROVEITAMENTO				
FONTE	ELETRICIDADE	CALOR	ENERGIA MECÂNICA	COMBUSTÍVEL LÍQUIDO
BIOMASSA	X	X		X
GEOTERMAL	X	X		
HIDRO	X	X	X	
OCEÂNICA MARÉ, CORRENTES E TERMAL	X	X	X	
SOLAR	X	X	X	
EÓLICA	X			

Figura 24 — Energias renováveis como alternativas aos combustíveis fósseis e nuclear.

A saída é encontrar formas de colocar no passado a era da energia dos combustíveis fósseis e entrar na era das energias renováveis. Isso terá que ser feito em uma ou duas gerações, no máximo, sob o risco de não entregarmos um planeta habitável aos nossos bisnetos. É sério!

Os próximos anos, sobretudo as duas próximas décadas, serão o tempo de uma drástica inflexão estratégica no que diz respeito à mudança de nossas fontes de energia. Os tempos vindouros deverão ser reconhecidos pelas gerações que vierem depois como o fim da era dos combustíveis fósseis. De forma alternada — e eu acho que isso é mais interessante —, essas duas décadas serão conhecidas como o começo dos tempos das energias renováveis.

O problema dos resíduos

A produção de resíduos na extração mineral e na produção e no consumo de bens, produtos e serviços — que de forma geral chamamos de poluição —, e não apenas a emissão de gases de efeito estufa, é que vai se tornar uma ameaça planetária cada vez maior. Há mais de uma década, já se tornou claro e cristalino que a mudança climática não é paranoia de ONGs ambientais fundamentalistas. Nos próximos anos será igualmente evidente que a poluição dos mares é "nitroglicerina pura" que a humanidade estoca de forma irresponsável.

Um dos primeiros indicadores de que o desafio do que fazer com nossos restos tem impacto planetário, e não apenas local, é a ilha de lixo com duas vezes a área da França que está à deriva no oceano Pacífico, próxima à costa norte-americana.

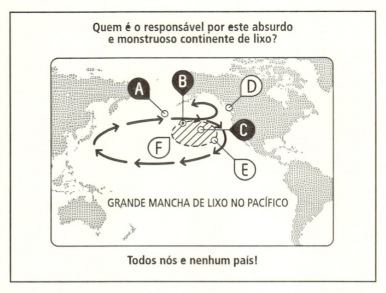

Figura 25 — O continente de lixo à deriva no oceano Pacífico que tem o dobro do tamanho da França.

Quem é o responsável por esse monturo de dimensões jamais vistas na história da humanidade? É difícil dizer exatamente. Essa ilha é resultado do lixo — sobretudo plástico — arrastado por correntes a partir de centenas de fontes espalhadas pelo mundo. O que sabemos é que, naquela região, a densidade de plástico na água é pelo menos seis vezes maior do que o plâncton, o caldo de organismos vivos que é a base da cadeia alimentar marítima. Estamos falando de um oceano que começa a morrer!

Cientistas e — novamente e com ênfase cada vez maior — organizações independentes que não recebem dinheiro nem de empresas nem de governos, apenas doações voluntárias de pessoas, estão na vanguarda da sensibilização da humanidade, tocando os sinos de alerta. Entre no site do Greenpeace e você verá como, ao longo dos anos, o lixo do Japão, dos Estados Unidos, da Rússia e de outros países segue cruzando milhares de quilômetros de mares para se consolidar em verdadeiras ilhas que não podem mais ser ignoradas, dada sua extensão, e que estão à deriva em águas internacionais.

Quem são os donos dessas ilhas? Todos nós somos responsáveis por elas. Nenhum governo é responsável. Nenhuma empresa pode ser penalizada por isso. Logo, ninguém toma nenhuma providência, a não ser cientistas e ativistas ambientais.

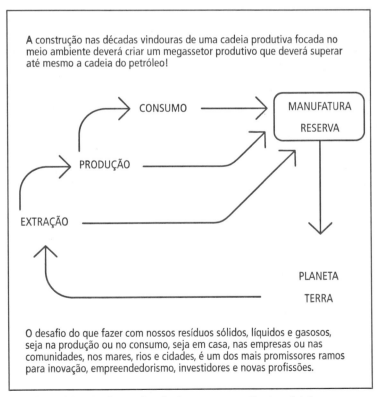

Figura 26 — Em busca de soluções para a questão da poluição.

O grande problema de nossa sociedade é que somos uns "lambões", meio primitivos no que diz respeito ao descarte de resíduos sólidos, líquidos ou gasosos, tanto quando produzimos como quando consumimos. Lixo é algo que não existe na natureza. Lixo é uma categoria inventada a partir da Revolução Industrial.

A invenção e o desenvolvimento da sustentabilidade como parte da vida humana são um formidável esforço no qual todos nós, indivíduos, empresas e governos, devemos mergulhar. De cabeça e coração. De forma sincera e, ao mesmo tempo, eficaz.

À medida que aceleramos em direção a 9, talvez 10 bilhões de habitantes — todos esses seres humanos virtualmente pretendendo viver em um estágio no qual vamos compartilhar globalmente comportamentos e estilos de vida de consumo semelhantes —, é suicídio certo acreditar que é possível manter o status quo. O desafio para encontrar formas de reduzir nossa pegada ambiental no planeta é dramático. Encarar isso é dever de todos nós, antes que seja tarde demais para nossos descendentes e, eventualmente, para nós mesmos.

CAPÍTULO 8

O novo nome do trabalho é *projeto*

Projeto: do latim projectu, isto é, lançar para a frente.

Não sei se você concorda comigo, mas o segundo maior medo que as pessoas acima dos 40 anos em geral têm é o de perder o emprego, ou, em caso de serem demitidas, não conseguir uma nova posição em outra empresa.

(Ah, claro, o primeiro é o medo de morrer. Até os 20, a rapaziada pensa que é imortal. Aí pelos 30 até os 40 as pessoas estão tão ocupadas com suas carreiras, desenvolvimento profissional e obrigações de família que não têm tempo para elucubrações metafísicas. Esse é o tempo da vida selvagem, fase da vida que começa quando temos nosso primeiro bebê. Essa fase vai se encerrando quando nossos filhos começam, em geral de forma relutante, a ter vidas adultas, entrando ou saindo da faculdade, alguns poucos já começando a se virar profissionalmente. Essa é a fase mais punk da vida adulta em termos de ocupação de tempo. Não há, portanto, tempo físico para ficar pensando na "finitude da existência humana frente à infinidade do tempo e do universo", como bem sintetiza um amigo meu.)

Esse medo profundo tem levado milhões de pessoas, sobretudo as do sexo masculino, a viver momentos extremamente angustiantes. Mesmo aqueles que são bem-sucedidos aos 50 e poucos são capazes de cair em depressão profunda ao contemplar a hipótese de serem demitidos.

Conheço vários executivos que, incapazes de superar a dor da perda de um bom emprego em uma grande corporação, adoeceram seriamente ou tiraram a própria vida.

O problema é que nós fomos criados sob a ideologia de que trabalho é emprego e o resto é bico. Como podemos compreender isso melhor e superar essa cruel ideologia?

Temos uma enorme necessidade de avançar nessa clarificação. Até mesmo porque a tendência é de que o trabalho, na forma de emprego, venha a minguar por causa da robotização e da substituição intensiva da força humana por sistemas inteligentes. Mas o trabalho desvinculado de empregos não irá acabar, pelo contrário. Porém, como explicar isso às pessoas sem que elas entrem em pânico?

O ponto de partida é entender que a Revolução Industrial foi o momento em que a humanidade, pela primeira vez na sua história, associou "emprego" com "trabalho". Foi quando passamos a usar essas duas palavras como sinônimos. É hora de começar a esclarecer a distinção entre elas para poder compreender melhor por onde caminhamos.

Emprego é um tipo de vínculo de prestação de serviço entre pessoas e organizações — sejam empresas, órgãos de governo, entidades sem fins lucrativos e até mesmo outros indivíduos — contratadas por certo tempo para realizar determinadas tarefas remuneradas. No entanto, emprego tem conotação psicológica mais forte do que uma mera relação contratual de trabalho. Quem tem emprego julga-se psicologicamente mais amparado na vida. Muitas vezes, aqueles que têm emprego em grandes empresas têm mais status e reconhecimento social do que os indivíduos com vínculo de trabalho em tempo parcial, limitado ou *freelancer*, mesmo que estes tenham remuneração superior. É comum ouvir de sindicalistas o slogan: "Um homem sem emprego é um homem sem honra."

Dentro desse contexto, a perspectiva de que o emprego, como vínculo de trabalho predominante, possa caminhar para uma extinção virtual traz grande sofrimento e ansiedade do ponto de vista do senso comum, porém é preciso ver como o senso comum muda ao longo da história.

Vamos tentar então um ponto de vista alternativo. Antes de se tornar consenso mundial como crime contra a humanidade, a escravidão foi entendida como vínculo de trabalho normal para muita gente. Sempre que leio Machado de Assis, fico surpreso de como ele, no meio dos dramas psicológicos de todos aqueles adultérios de gente fina, descreve de forma banal os escravos se movendo como sombras, recebendo e cumprindo ordens de seus senhores. Assim, da mesma forma que o velho Machado não revelava estranhamento maior em relação ao trabalho escravo, também boa parte da população da época achava aquilo normal. Pior: no mundo do trabalho, no qual a escravidão era um vínculo aceito, aceitavam-se também os castigos corporais como normais. Foi há relativamente bem pouco tempo, na verdade, há menos de dois séculos, que nossos antepassados finalmente firmaram o novo consenso de que a escravidão era um inaceitável crime contra a humanidade.

Agora outra mudança de ruptura está a caminho. É imprescindível encarar a realidade com a qual vamos nos defrontar: o emprego como vínculo de trabalho, tal como o conhecemos no século XX, está com os dias contados. Por quê? Pense nas funções que vão se tornando obsoletas ao longo do tempo pela evolução da tecnologia: ferreiros, acendedores de lampião, motorneiros, cobradores de ônibus, ascensoristas, datilógrafos, telefonistas, montadores de linhas de produção, programadores de linguagens de computador que se tornaram ultrapassadas (como Mumps, Basic, DOS etc.).

Pense agora nos progressos obtidos pela tecnologia da informação e na aplicação dessa tecnologia na automatização das mais diversas atividades humanas repetitivas que possam ser executadas por máquinas controladas por computadores. Pense naquilo que pode ser mais bem executado a um custo muito menor por máquinas. Não resta dúvida de que milhões e milhões de empregos serão suprimidos de forma inelutável nas próximas décadas. A indústria automobilística no Brasil já teve, em 1987, no auge da contratação, 160 mil empregados, os quais produziam 1 milhão de veículos. Em 2004, eram 100 mil empregados que produziam 2,1 milhões de veículos, de maior qualidade e complexidade que os produzidos há vinte anos, claro. Isso é só um exemplo de como a produtividade vai atingir milhares de setores de produção.

Tem mais. Acrescente agora as possibilidades de transferir globalmente, via rede de telecomunicações cada vez mais baratas, tarefas que podem ser feitas em qualquer lugar do planeta onde a mão de obra seja mais barata. Imagine, por exemplo, que já é comum, há mais de uma década, fazer o controle operacional de circuito fechado de televisão para segurança condominial, durante a noite e em fins de semana, em prédios de cidades norte-americanas, por mão de obra sediada em países da África, já que o serviço não exige qualificação e a mão de obra é barata. Sai mais barato rotear as imagens via satélite para o outro lado do planeta para que um empregado de salário mais baixo faça a monitoração visual. Mesmo assim, ficará ainda mais barato à medida que sejam desenvolvidos os softwares capazes de reconhecer padrões de imagem com um mínimo de operação humana.

Com todo esse furor de reengenharia e racionalização de humanos na produção, você acha que teremos alguma explosão de empregos à vista, como costumam prometer os políticos mundo afora na época de eleições? Claro que não. Mas não são apenas os políticos que se mostram cegos perante o que está realmente acontecendo. Até mesmo entre aqueles que deveriam estar mais antenados, como é o caso dos economistas, poucos são os estudiosos que reconhecem abertamente que caminhamos em direção à sociedade sem emprego, como fez, por exemplo, Jeremy Rifkin em seu best-seller internacional *O fim dos empregos*.

O senso comum expresso na lógica de que o "homem sem emprego é um homem sem perspectiva" precisa mudar, uma vez que a revolução tecnológica, possibilitada pelo uso intensivo da tecnologia da informação, mudou e mudará cada vez mais radicalmente a maneira como o ser humano desempenha seu papel na produção de riquezas. Parece não haver limite para a racionalização da participação do homem nos processos produtivos.

Por isso é que a transição da Era da Sociedade Pós-industrial para a Era da Sociedade Digital Global tem como uma das características mais marcantes sua faceta de máquina de trituração e redução de empregos. Isso ocorre não porque as empresas são dirigidas por diretores e acionistas sanguinários e desalmados escorados por políticas neoliberais. Empresas, por definição, existem porque foram criadas por seus proprietários e acionistas para dar lucro, independentemente da natureza de sua atividade. Até mesmo as organizações públicas governamentais e estatais não foram concebidas com o objetivo final de criar postos de trabalho e, sim, com a finalidade de executar funções.

De um lado temos as empresas racionalizando e reduzindo; do outro, não podemos esquecer, estamos nós, clientes, consumidores e contribuintes, querendo também preços mais atraentes. As empresas que não forem capazes de seguir esses padrões de exigência do mercado consumidor e da pressão competitiva tornam-se inviáveis e sucumbem. Isso resulta em moto-contínuo, em uma permanente reengenharia em busca de custos mais baixos e produção mais enxuta.

Com isso, temos uma nova situação, uma nova realidade econômica para a humanidade como um todo: por mais que a economia — ou a geração de riqueza — cresça, o aumento do emprego não seguirá da mesma forma como antigamente.

Ai daqueles países que não buscarem se adaptar a essa situação competitiva global. Como vimos no exemplo dos circuitos fechados de televisão para segurança de condomínios, hoje, as grandes empresas dos Estados Unidos, da Inglaterra, da Alemanha e de outras economias plenamente desenvolvidas analisam com muito carinho todas as opções de terceirização *offshore*, isto é, de transferir milhões de postos de trabalho para países que dispõem de mão de obra mais barata. O trabalho de escritório que faz a retaguarda das grandes empresas, conhecido como *back-office*, e que engloba funções como a realização dos serviços de contabilidade, a preparação da folha de pagamentos, os serviços de call center, tudo isso hoje em dia está propenso a ser transferido para países onde a mão de obra é mais barata. Mesmo funções mais qualificadas, como o desenvolvimento de software, podem e estão sendo transferidas, por exemplo, para a Índia ou para a Irlanda. Nesse tabuleiro global, o serviço a ser realizado irá para onde puder ser feito de forma mais barata, ou seja, mesmo as necessidades de *back-office* de empresas brasileiras poderão ser transferidas para nossos vizinhos, como Peru, Paraguai e Bolívia, onde a mão de obra é mais módica e os encargos governamentais são menores.

É por isso que as promessas que os políticos — sejam eles de esquerda, direita ou centro — fazem em suas campanhas eleitorais, de gerar milhões de empregos via políticas públicas, política industrial ou investimento público, podem ser vistas sob duas perspectivas: mera enganação ou ignorância. Em outras palavras, demagogia ou inépcia. Eles não buscam verdadeiramente amadurecer as questões com as quais precisamos urgentemente nos defrontar.

A verdade é que, por mais poderosos que aparentem ser, governos não têm como gerar empregos de forma sustentável. Podem fazê-lo criando bolhas, isto é, de forma temporária. Porém, mais cedo ou mais tarde, uma salgada conta virá para os contribuintes. Quem cria verdadeiramente riqueza de maneira sustentável e, nesse processo — como meio e não como fim em si mesmo — cria empregos, são indivíduos empreendedores, empresários e empresas capazes de combinar seu conhecimento, suas aptidões, seu capital e correr riscos buscando atingir seus objetivos de lucro. Os postos de trabalho — não necessariamente empregos — serão criados onde as relações trabalhistas permitirem a maior flexibilização possível.

Governos podem, sim, ajudar a criar um macroambiente mais propício para a criação de riqueza e geração de empregos. A combinação de responsabilidade fiscal, redução da carga tributária, melhoria da eficiência da máquina pública, incentivo à redução da informalidade são tônicos bem conhecidos para revitalizar a economia. Se essas são condições necessárias, não são, entretanto, suficientes.

As condições suficientes estão na capacidade de promover nas pessoas o desejo, a necessidade e a busca pela qualificação permanente. Esse é o desafio que tratamos a seguir.

A geração de riquezas em uma nação é fruto de um formidável concerto no qual quatro tipos de papéis interagem: empreendedores, empresários, executivos e pessoas, que são ajustadas por tempo indeterminado (empregados) ou determinado (isto é, por projetos).

Cada país é um encontro único de talentos e vocações que aproveitam (ou não), criam (ou não) bens, produtos e serviços. Cada nação tem um estilo e um repertório próprios em termos de produzir riqueza. Há nações que se assemelham a uma orquestra sinfônica, outras a uma banda de rock, outras a uma escola de samba. Os governos são verdadeiros facilitadores (ou atrapalhadores), que podem ajudar a criar boas e más condições para que a sociedade produza riquezas.

Países e sociedades que conseguiram dinamizar a capacidade dos indivíduos de gerar riqueza têm sido mais bem-sucedidos em acelerar o desenvolvimento econômico e o bem-estar material. Nessas nações estabeleceu-se um círculo virtuoso: o progresso dos indivíduos impulsiona o progresso da sociedade; o progresso da nação cria um clima propício e de incentivo aos indivíduos para inovar e produzir mais.

O fundamental é você perceber que na medida em que muda de fase na vida, em que vai encerrando aquela fase punk de criar filhos, de ser pau de barraca, seja você homem ou mulher, que comece a perceber novos horizontes para sua inserção ativa e produtiva na sociedade não mais como um empregado. Cabe a você processar internamente e em primeiro lugar a mudança da sua mentalidade. Veja você mesmo como um cara que não é mais um mero cumpridor de *script* em busca de segurança e contracheque no final do mês. O mais importante é internalizar ainda cedo a nova mentalidade na qual o novo nome do trabalho é "projeto", não mais necessariamente "emprego".

Figura 27 — O vínculo de trabalho entre as organizações e as pessoas.

Quanto mais cedo você começar a exercitar essa nova mentalidade, mais chances terá de chegar aos 50 com uma atitude mais de águia que de galinha, uma visão de você mesmo no mundo como um ser que não é uma mera peça dentro de uma organização. E a dica principal para que isso aconteça é procurar desde cedo identificar aquilo que efetivamente tem prazer de fazer. Se você descobrir isso, nunca vai ter que trabalhar.

CAPÍTULO 9

Reflexões para candidatos a voos de águia

A ousadia tem genialidade, poder e magia em si.

GOETHE

Neste capítulo estão reunidos alguns pequenos textos que pretendem levantar pontos de reflexão e motivar pessoas que estão considerando fazer uma mudança qualitativa em suas vidas. Pode ser uma mudança de área ou função, de emprego, um voo solo, o começo de uma carreira de empreendedor ou qualquer outra coisa.

O empreendedorismo de cabelos brancos

O senso comum geralmente traduz uma percepção correta da realidade. Mas nem sempre. Muitas vezes a realidade é contraintuitiva. O senso comum aponta corretamente o fato de que pessoas ainda jovens são os grandes protagonistas da revolução digital. Assim exemplificam os casos emblemáticos de Steve Jobs, Bill Gates, Mark Zuckerberg e Michael Dell. Todos eles foram capazes de desenvolver inovações de ruptura de impacto global ainda entre os 20 e 30 anos.

Com base nessa premissa, o senso comum imagina que *empreendedorismo* é igualmente coisa de indivíduos jovens. Nos Estados Unidos, porém, a realidade é outra.

De acordo com pesquisas da Kauffman Foundation, entidade norte-americana que realiza estudos com foco em empreendedorismo, das novas empresas criadas nos EUA em 2011, 21% foram fundadas por empreendedores com idades entre 55 e 64 anos. Além disso, os empreendedores na faixa entre 45 e 54 anos fundaram 28% das novas empresas. Isso quer dizer que as pessoas entre 45 e 64 anos foram responsáveis por 49% das empresas iniciantes, bem acima dos 29% da faixa dos 20 aos 34 anos.

E tem mais: high tech não é apenas território exclusivo para jovens empreendedores, conforme sustenta Dane Stangler, diretor de análise e políticas da Kauffman Foundation: "Estamos vendo muitos empreendedores em campos como a tecnologia e engenharia, que estão lançando empresas de peso (...) Eles criaram empresas quando estavam na faixa dos 30 e dos 40 anos e estão fazendo isso de novo."

O maior protagonismo dos empreendedores de cabelos brancos parece ser uma tendência em aceleração. Um bom indicador é dado pelo fato de que a faixa entre 45 e 54, responsável pela criação de 21% das novas empresas em 2011, foi responsável por 14% das novas empresas em 2007, também de acordo com as pesquisas da Kauffman Foundation.

Um amigo a quem apresentei esses dados sugeriu que os mesmos podem ser interpretados de uma forma pessimista. Segundo ele, os dados podem representar um conjunto de consequências da crise iniciada em 2008. Nesse contexto, os empreendedores de cabelos brancos poderiam ser simplesmente pessoas demitidas tentando desesperadamente sobreviver.

Pode ser. Pode ser mais uma vez o caso do "copo pela metade". Se você estiver deprimido, vai ver o copo meio vazio; se sua atitude é mais positiva, o copo pode ser visto como meio cheio.

De qualquer maneira, entendo que o empreendedorismo representa uma nova mentalidade de trabalho e realização mais plena de significado; um estágio mais evoluído do que a mentalidade de empregado, onde é preciso buscar organizações já prontas para, em última análise, ter uma forma de sobreviver economicamente.

A humanidade, no processo de construção da Economia do Conhecimento e da Sociedade Digital Global que estamos vivendo, vai depender cada vez mais crucialmente da formação de centenas de milhões de empreendedores, tanto jovens quanto de cabelos brancos, gente que se dedica à arte de criar organizações que se inserem num complexo ecossistema de empresas e cadeias produtivas, um meio ambiente cheio de incertezas, riscos e oportunidades.

Ousadia

A estrada do empreendedorismo não começa no sonho — como pregam muitos gurus motivacionais. O caminho do empreendedorismo não é reto, nem plano e não necessariamente vai conduzi-lo à riqueza e ao prestígio. Não é o sonho o começo do fazer acontecer. É a ousadia o começo de tudo.

Se você se encanta com as conversas sobre empreendedorismo, desconfie dos que se apresentam como "especialistas" no tema, mas que, na verdade, não têm as feridas de guerra e não vivenciaram de forma profunda a verdadeira dimensão da radical opção que significa ser empreendedor.

Quem sempre viveu a maior parte da vida com carteira assinada, que tem como o objetivo maior ter uma vida confortável, um bom patrimônio e um polpudo plano de aposentadoria, que apenas de forma episódica vivenciou a decolagem de um negócio, não está qualificado a ser um bom conselheiro sobre uma vida na qual o risco é parte inerente e significativa do dia a dia.

Inevitavelmente, tendo escolhido ser empreendedor, você vai errar, vai cair, vai acordar de noite muito antes de o despertador tocar, vai mergulhar em momentos de incerteza dolorosa, pode vir a ter que vender o carro na sexta para pagar compromissos inadiáveis na segunda etc.

O empreendedor é alguém que tem a energia para trabalhar não apenas fora do horário comercial. Que não tira férias de forma regular, muito menos de trinta dias de duração. Que não tem planos de aposentadoria.

Não tenha ilusões quando os sábios da autoajuda asseguram que o importante é o sonho e que, se você desejar intensamente, "o universo vai conspirar a seu favor". Não é o sonho que alimenta e energiza o empreendedor ao longo dessa montanha-russa. É a ousadia.

O empreendedor deve produzir para suas necessidades uma ousadia inesgotável, da mesma forma que a aranha produz o fio de seda ao longo de toda a sua existência. A ousadia é o verdadeiro motor, no princípio, no meio e no fim da jornada da vida de um empreendedor.

É essa ousadia que faz a diferença ao realizar coisas grandiosas e especiais num mundo em que a maioria das pessoas vive em busca de segurança, estabilidade e conforto.

Não há problema nenhum em desejar estabilidade e segurança. E se é essa sua aspiração maior, faça rapidamente um concurso público. Essa pode também ser uma janela de reinvenção. Afinal, os contribuintes e os serviços públicos necessitam de gente com experiência e prática. Coisa que os concursos públicos não medem, pois os candidatos são aprovados mais por um conhecimento livresco e adestrativo.

Se sua opção por estabilidade e segurança não for tão radical; se isso pode ser relativizado considerando a opção de trabalhar em uma empresa que lhe ofereça oportunidades de crescer e desenvolver junto com colegas, faça isso. Existem milhares de opções excelentes e dignas. Nesse caso, também não vale a pena perder tempo brincando de empreendedor.

Mas se você reconhece a ousadia como traço central de sua personalidade, cultive essa característica. Explore-a sem jamais confundi-la com agressividade! Você sim pode ser um candidato a empreendedor. E isso vai fazer toda a diferença.

Foco demais pode atrapalhar

Pode conferir: um dos mais frequentes e populares elogios nas recomendações feitas entre usuários do LinkedIn é a valorização da capacidade de ser um profissional "focado".

Tudo bem! Ter foco para entregar o prometido, em especial em termos de cumprimento de metas, é algo que devemos considerar como uma característica positiva. Mas é preciso analisar com muito cuidado até onde ser ultrafocado é uma qualidade.

Foco excessivo pode significar um aprisionamento mental no sentido de colocar você para desempenhar um programa específico a fim de alcançar o resultado desejado. Frequentemente isso tem um custo estratégico. A consequência pode ser a redução ou até mesmo a perda da visão periférica. É a situação em que você vê apenas uma ou outra árvore e deixa de ver a floresta como um todo.

Pessoas ultrafocadas podem vir a se tornar um problema sério na direção de uma empresa, sobretudo em tempos de mudanças rápidas, época em que respostas velhas não respondem mais às perguntas novas que estão emergindo. Costuma ser muito difícil para os ultrafocados chavear seu processamento mental para o modo criativo.

E veja bem que são exatamente os ultrafocados que costumam arrastar grandes organizações para a decadência e irrelevância.

Mantenha o foco. Mas não perca a capacidade de ver tanto a parte quanto o todo. Seja focado. Mas esteja sempre preparado para entrar em modo B de operação mental, aquele modo em que inovar, mudar, reinventar e até mesmo improvisar pode ser muito mais importante do que seguir estritamente cumprindo o planejado e buscando bater metas.

Quem pede demissão vale mais

Você é um funcionário bem qualificado e se considera eternamente ligado à sua organização? É bom saber que as empresas estão começando a se interessar mais por aqueles profissionais que são capazes de pedir demissão do que pelos eternos soldados que não pensam jamais em mudar de emprego.

Os tempos de transição para a nascente Economia do Conhecimento levam as empresas a depender não apenas de alta qualificação, mas também de pessoas que tenham como uma de suas fortes características a capacidade de estar constantemente se movendo para além da zona de conforto. As organizações que cultivam o valor estratégico da inovação já sabem que essa característica está mais presente nas pessoas que buscam novos desafios por autodeterminação, muito mais do que por imposição organizacional. E esses são justamente os mais propensos a se demitir.

Ainda tem muita gente no mundo corporativo que acredita que as pessoas que ousam pedir demissão e, pior do que isso, ir para a concorrência, passam automaticamente a fazer parte do grupo de "renegados" na tal "lista negra" do RH. Nada mais distante da verdade.

Agora os RHs passam a monitorar os seus antigos e talentosos "renegados". E o mais atordoante para o senso comum dos acomodados, que nunca consideram pedir demissão, é que a mudança de valores vai mais longe. Ao realizar o processo de monitoramento dos ex-funcionários que se demitiram, as empresas consideram oportunidades de trazer de volta seu antigo profissional para posições mais altas. Faz sentido, pois essas pessoas buscam novos desafios, mais reconhecimento e oportunidades maiores. Elas simplesmente não voltam para o mais do mesmo que corajosamente deixaram para trás.

Um bom indicador dessa mudança de mentalidade é que as empresas mais em sintonia com a Economia do Conhecimento estão trocando a designação da direção de RH para P&O, que significa Pessoas & Organização. Não é uma mera troca de nomes. É uma mudança de mentalidade. "Nós aqui tratamos de pessoas, e não de recursos" — justifica um executivo amigo meu, vice-presidente de P&O em uma grande holding.

Algumas empresas vão ainda mais longe e criam dentro do espaço de P&O uma área de Gestão de Talentos, que visa dar sobretudo um equacionamento mais eficaz à sangria representada pelos potenciais renegados.

Quantas vezes você já pensou em pedir demissão para voar mais alto?

Não dê tanta importância ao tal do CV

Se você considera uma recolocação ou alçar voos mais altos, não dê tanta importância nem perca muito tempo em ficar montando um currículo que você considera campeão.

O pomposo Curriculum Vitae, o tal do CV, é sim peça campeã no mundo corporativo — mas no que diz respeito à ida para o lixo das empresas, seja na versão arquivo digital anexo ou em papel.

O CV é como se fosse um olhar de retrovisor, um elemento de informação sobre um tempo que já passou. Ainda que o mesmo seja escrito com toda a sinceridade e com riqueza de detalhes, é quase como se fôssemos olhar os resultados da loteria nos últimos anos para melhor prever os resultados do futuro.

As empresas nas quais vale a pena realmente descolar um emprego ou ter algum vínculo associativo — seja como parceiro, colaborador, terceirizado, consultor etc. —, na minha opinião, são aquelas que já estão conquistando hoje um futuro sustentável que elas mesmas estão moldando. E essas empresas procuram pessoas interessadas em ser parceiras na construção de futuros inovadores. Pessoas que enxerguem duas curvas antes e não pelo retrovisor.

Nessas empresas — que estão se configurando como organizações de conhecimento que criam a nova economia — o que vale mesmo é você apresentar um projeto de vida pessoal que aponte um futuro desejável que faça com que os dirigentes digam: "Esse é um cara em quem vale a pena apostar!"

E aí? Como você se encaixa nesse novo esquema, nessa nova mentalidade que procura construtores de futuros?

Como você consegue desprogramar a mentalidade que a sociedade internalizou em sua cabeça que em geral tende a nos transformar em "procuradores de empregos"?

Não existe uma só resposta correta para essa questão. Pelo contrário. Só posso passar a você algumas dicas de quem é um guerreiro da estrada de algumas décadas, com experiência em escolher empresas bem legais para viajar junto. (O que também pode não valer nada pra você, diga-se de passagem.)

Passo Um: Não gaste muito tempo fazendo currículo e panfletando o mesmo desesperadamente. Não use seu currículo çomo se fosse porta-estandarte do zumbi-procurador-de-emprego.

Passo Dois: Coloque o seu foco de atenção em descobrir aquilo que mais lhe enche de prazer na vida. "Descubra o que você gosta de fazer e nunca vai ter que trabalhar", diz o velho ditado.

Passo Três: Deixe de ser candidato. Passe a considerar as empresas que têm algum tipo de sintonia com o que você gosta de fazer. Doravante as empresas são as candidatas, você é o caçador.

Passo Quatro: Monte mentalmente e escreva — isso mesmo, comunicação é vital! — projetos que se encaixem em áreas de suas empresas candidatas. Para fazer isso você vai ter que estudar sobre o ecossistema de negócios onde essas empresas operam, e elevar seu nível de conhecimento por você mesmo. Seus projetos são futuros desejáveis de parceria entre a empresa e você. São muito distintos do olhar de retrovisor contado pelo CV. Projetos são formulações que jogam você para a frente. Aliás, é essa a essência da palavra "projeto". "Projetar" é "atirar para a frente".

Passo Cinco: Seu projeto só vai ser lido ou escutado se você for indicado por alguém que confia em você. Aqui o QI (quem indicou) é crucial! Infelizmente a maioria das pessoas prefere não se comprometer a trazer amigos para a empresa onde trabalha.

No entanto, existem as empresas de vanguarda que usam seus funcionários como agenciadores avançados. Elas sabem que a escolha vai ser feita em cima do critério "fulano tem características que podem fazer com que ele renda bem na cultura de nossa empresa". Isso, é claro, tem riscos. Mas as empresas sabem que o risco faz parte do negócio de inovar.

Sem amigos que o indiquem? Você vai ter que ser criativo e ardiloso na tarefa de vender seu projeto e você. Monte seu plano de emboscadas de alto nível. Mas tome muito cuidado para não se tornar chato, desesperado ou impertinente. Lembre-se que elegância — e não agressividade — é fundamental.

Esse pode ser um dos caminhos para que você, quando for mais velho e olhar para trás, possa enxergar uma bela e inspiradora história de vida, e não um currículo tedioso, que não passa nenhuma ideia de alguém que correu riscos, enfim, um resumo de uma vida que seus netos vão achar um saco.

Implosão de empregos

"Digite a opção desejada ou aguarde um de nossos operadores." Quanto tempo ainda teremos que aturar essa chatice tão comum no nosso dia a dia, quando somos obrigados a entrar em contato com empresas para resolver nossas questões e problemas via telefone? Falta pouco. Pouco mesmo! A nova geração tecnológica de call center está praticamente pronta para entrar em serviço. É a chamada robotização da Posição de Atendimento do call center. O que falta agora é programar os computadores centrais dos tais centros para que eles entendam plena e fluentemente nosso modo natural de falar.

Quando isso ocorrer, não vamos ter que ficar pressionando teclas ou aguardando um tempão para ser atendidos e dificilmente vamos precisar falar com uma pessoa do outro lado da linha.

Mineiros e baianos, cearenses e paraenses, cariocas e paulistas, aqueles que fazem erros de concordância e conjugação, até os gagos, todo mundo vai falar com sistemas inteligentes de reconhecimento de voz operados pelos computadores especialistas dos call centers para resolver suas pendências via telefone. No caso de ofensas, o sistema de reconhecimento de voz poderá até mesmo advertir o cliente que no próximo palavrão a ligação será desconectada automaticamente.

A tecnologia está prontinha. O que está sendo feito no momento é a coleta de amostra de fala natural das pessoas em diferentes contextos, isto é, reclamando da operadora de telefonia, marcando passagem aérea, pedindo informação, resolvendo problemas com cartões de crédito, dando chilique etc. A partir dessas amostras, serão criados os bancos de dados com padrões de fala que guiarão os computadores na conversa com a gente.

Essa nova tecnologia vai dar muito mais velocidade e capacidade de atendimento simultâneo a um maior número de clientes ligando para os centros. Certamente uma boa notícia para nós. Mas uma péssima notícia para os empregados em call centers.

Esse é um setor que movimenta 3,6 bilhões de reais por ano, que emprega 396 mil pessoas e que mantém 206 mil posições de atendimento (PAs). A robotização das PAs nos próximos anos pode implodir até 80% dos empregos do setor.

O que vai acontecer é análogo ao que já aconteceu no setor de bancos devido às sucessivas ondas de informatização dos serviços bancários. Esse setor tinha quase 900 mil empregados no final dos anos 1980, que ofereciam serviços que só podiam ser disponibilizados na agência bancária.

As redes de computadores e a internet trouxeram o caixa eletrônico, o internet banking e depois os serviços via celular, e, como consequência, trouxeram o setor para um patamar de pouco mais de 300 mil empregados na atualidade.

Você trabalha em call center? Os operadores de call center vão desaparecer de forma análoga ao que aconteceu com acendedores de lampião a gás, quando apareceu a energia elétrica para a iluminação da via pública; o que aconteceu com cocheiros e ferreiros, quando o motor substituiu a tração animal, da mesma forma que as datilógrafas desapareceram quando surgiu o processador de texto. A robotização dos serviços vai atingir pesadamente todas as atividades humanas. A única forma de lidar com isso é programar a nossa reinvenção para ir acontecendo de forma recorrente. Temos que estar sempre buscando novos caminhos de requalificação. Existem milhares e milhares de atividades que estão sendo criadas e que vão oferecer boas e excelentes oportunidades. E não adianta choro nem vela!

Zona de conforto

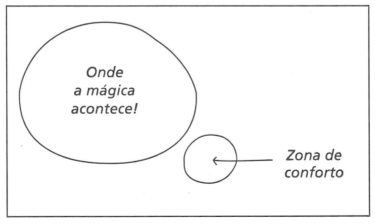

Figura 28 — Zona de conforto: você já pensou sobre isso?

Eu gosto muito da ilustração anterior, que aparece entre dezenas de outras quando você pede ao Google para buscar as imagens para a expressão "zona de conforto".

Ficar na zona de conforto é muito bom. Por isso sofremos com a síndrome de segunda-feira; por isso tanta gente pede para o domingo congelar. O desconforto em abandonar a zona representada pelo final de semana é confirmado científica e quantitativamente. Estudos e pesquisas comportamentais apontam que a pior noite de sono é sempre a virada de domingo para a segunda.

Nasci tardiamente e na base do fórceps. Acho que, por causa disso, desde cedo adquiri vivência com a luta para não ficar estacionado na zona de conforto. O útero da mãe é o melhor lugar do mundo para o bebê! Lá não tem dor, segunda-feira, frio, calor, não tem que levantar cedo para ir encarar uma série de coisas chatas etc. Mas a verdade é que, ficando lá, não escrevemos história alguma.

O bebê não pode ficar no ventre da mãe após 42 semanas, por isso é preciso trazê-lo ao mundo à força. E isso deve ser feito com o mínimo de trauma. Na base do elogio a coisa não vai funcionar. E, de qualquer maneira que saia, a primeira coisa que o bebê faz é chorar.

A vida das empresas, como a vida da gente, deve ser uma luta constante para não estacionarmos na zona de conforto. O desafio de quem pretende estar à frente de uma equipe, seja do tamanho que for, tem que ser procurar tornar-se cada vez melhor em dois tipos de artes: a arte da gestão e a arte da estratégia.

A arte da gestão é sobre como podemos fazer as coisas da melhor maneira calibrando de forma positiva o nosso "modo zona de conforto". Essa arte é quase uma ciência, que tem por objetivo escrever uma partitura, que habitualmente chamamos de planejamento, para sincronizar as ações cotidianas.

Já a arte da estratégia é sobre escolhas para além da zona de conforto. E é nisso que os mais talentosos líderes se distinguem, porque aí o que encontramos é a incerteza e o desconhecido, pois o futuro não tem mapa! O momento de fazer novas escolhas é, por excelência, o tempo de "pensar fora da caixa".

CAPÍTULO 10

O desafio do diálogo entre várias gerações nas empresas e organizações

Quem tem que correr é a bola, não o jogador.

DIDI (MEIA ARMADOR DAS SELEÇÕES BRASILEIRAS
BICAMPEÃS DE 1958 E 1966, CAPITÃO E MELHOR JOGADOR
DA COPA DE 1958, CONSIDERADO O MAIS ELEGANTE
E DE MELHOR VISÃO DE CAMPO, ALCUNHADO
POR NELSON RODRIGUES DE PRÍNCIPE DE ÉBANO)

"Minha empresa é a gaiola das loucas"

Até bem pouco tempo atrás, na maioria das empresas, o diretor de recursos humanos (RH) era aquele cara boa-praça responsável pela divisão que fazia recrutamento e seleção, que cuidava da folha de pagamento e que de tempos em tempos tinha que sentar com os sindicalistas para negociar dissídios de maneira a evitar que ocorressem paradas temporárias indesejáveis na produção. Era o RH também que fazia uns eventos engraçados para elevar o moral da empresa. Naqueles tempos, o RH era meio que um diretor de segunda linha. Afinal, os reis da cocada preta eram diretores industriais, financeiros e de marketing.

O século XXI trouxe de forma imperativa para as empresas o desafio de inovar sob pena de tornar-se irrelevante. Isso fez com que a necessidade de atrair talentos inovadores e mantê-los passasse a ser questão estratégica de sobrevivência. Um time de bons empregados, que faz as coisas certinhas, mas sempre mais do mesmo, vai, mais cedo ou mais tarde, se tornar um time de perdedores. Isso subiu extraordinariamente o nível de responsabilidade do diretor de RH. Afinal, é missão dele, de forma prioritária e permanente, atrair os criativos e retê-los.

A pressão em cima deles por resultados está cada vez mais forte. Outro dia ouvi um diretor de RH se lamuriar que hoje as coisas são muito mais difíceis. "Simultaneamente temos que lidar com três gerações de expectativas muito diversas dentro de uma mesma empresa: os cansados, os estressados e os gamers. Pior que isso. Apesar de muito diversas, todas essas três gerações têm um grande sentimento de descontentamento e frustração com a empresa." E ele prosseguiu.

Os cansados são a geração mais madura, constituída por pessoas com mais de 45 anos que penam para lidar com os crescentes e mais complexos desafios de mudança acelerada que ocorrem dentro das empresas. Estão saturados com a frenética evolução tecnológica, globalização e competição encarniçada. Apesar de estar no auge de sua vida produtiva, essa turma, como jogadores que se tornaram obesos, não consegue acompanhar o ritmo do jogo. Tem cada vez mais dificuldades para se atualizar e responder às demandas operacionais cotidianas. Boa parte tem participação passiva esperando o tempo de se aposentar. Em muitas empresas estatais a questão se agrava, pois as pessoas encontram-se frente a uma realidade na qual, para alcançar promoções e bônus, o mérito foi substituído pela indicação político-partidária. Como contam com a estabilidade praticamente incondicional, os cansados aguardam quietos, sem nem mesmo fazer uma marola, o momento de pendurar a chuteira. Fale em inovação com essa geração e espere encontrar cinismo.

A geração intermediária são os estressados. Trintões e quarentões que parecem esquilos correndo dentro da gaiola. Correm, correm e procuram dar o melhor de si. Fazem cursos, procuram se reciclar. Apesar de tudo, no final das contas, sentem-se inseguros, sobrecarregados e infelizes. Seu dia a dia é 99% ocupado com rotinas operacionais. Nesse contexto, falar em inovação, em alimentar a criatividade, é humanamente impossível. Faça isso e vai encontrar uma atitude de ceticismo.

A geração mais jovem traz uma realidade completamente nova e distinta na história do trabalho. Essa meninada passou da adolescência para o começo da idade adulta experimentando as ferramentas digitais. Cresceu com a internet. São capazes de realizar simultaneamente diversas tarefas como os adolescentes que ouvem música, navegam na internet, atendem telefone, falam ao mesmo tempo através de messengers com uma dúzia de colegas etc. Trabalho para eles tem muito mais a ver com game.

Essa turma é potencialmente a parte mais criativa e inovadora. No entanto, as empresas, de maneira geral, frustram e espantam suas melhores promessas, porque não conseguem criar um ambiente de realização e estímulo permanente e regular no trabalho. Os gamers esperam missões, e não rotinas, desafios e recompensas. Querem logo passar para o "next level". Não espere mantê-los na empresa só pela promessa da estabilidade, como as antigas gerações. Os mais criativos são os mais difíceis de reter. Esses costumam criar suas regras. São eles que dão "game over" para a empresa e partem para outros desafios.

Qual é a receita para conciliar tantas expectativas e atrair e manter não apenas e meramente bons empregados, mas sobretudo as pessoas que buscam as novas respostas que vão fazer a diferença?

Três gerações já fazem a organização virar uma torre de babel. Imagine quatro!

Uma tentativa de entender as gerações do século XX

Todo mundo hoje fala muito em Geração Y e que eles são os caras que estão entrando para valer no mercado de trabalho. Tem gente que adora os Ys — sobretudo eles mesmos! Mas existem críticos severos e que dizem que não passam de "mauricinhos e patricinhas" muito bem criados, quase todos como filhos únicos ou no máximo em famílias de dois filhos. Os algozes dos Ys têm muita inveja, é verdade, da forma como eles são capazes de realizar várias tarefas simultaneamente manejando com maestria as mais novas ferramentas digitais. Dizem ainda que os Ys querem chegar aos cargos de diretoria no menor espaço de tempo. De preferência ontem.

Mas existem outras gerações no palco. E uma das razões para falarmos mais um pouquinho sobre cada uma delas é o interesse de melhorar a comunicação no ambiente corporativo. Se entendemos cada geração como um segmento, procuraremos empaticamente melhorar a comunicação e cumprir aquela que é chamada a primeira lei de marketing: "Nunca tente ser tudo para todo mundo." Aliás, a divisão em segmentos etários como gerações é algo consagrado em marketing e foram os profissionais da área que inventaram essa história de geração X, Y etc. E é importante ressaltar que como o marketing se desenvolveu inicialmente nos EUA, a categorização foca basicamente a realidade sociocultural e antropológica da América do Norte.

A Geração Perdida — nascidos nas duas últimas décadas do século XIX

A primeira geração do século XX que ganhou uma categorização própria foi através de uma romancista e não de um marqueteiro. A Geração Perdida é considerada a geração que lutou a Primeira Guerra Mundial. O termo é originalmente atribuído a Gertrude Stein (1874-1946), norte-americana que viveu a maior parte de sua vida adulta na França, colecionadora de arte modernista e escritora, que conviveu com vários artistas e escritores dessa geração, incluindo Ernest Hemingway (1899-1961). Se Gertrude Stein criou o termo, quem mais fortemente o disseminou foi Hemingway, sobretudo em seu livro *O sol também se levanta*, que mostra de forma contundente a falta de sentido, o vácuo existencial que teria sido comum aos que sobreviveram às trincheiras da guerra. Uma geração que é apresentada como jovens adultos que perambulam sem rumo e motivação pela França e Espanha, bebendo de forma destrutiva, se envolvendo em brigas, corridas de touro, pescarias que são meramente uma fuga e pretexto para encher a cara. E numa das discussões um dos personagens grita para os outros: "Vocês são todos uma geração perdida!" Essa geração, apesar de ter lutado na guerra, foi incapaz de impedir o acontecimento da Segunda Guerra apenas 18 anos depois.

A Grande Geração — nascidos entre 1901 e 1924

Essa geração inclui os veteranos que lutaram na Segunda Guerra — foram mais de 3 milhões de americanos que voltaram dos campos de batalha — e que eram crianças, adolescentes ou jovens adultos durante a Grande Depressão iniciada em 1929. O termo foi cunhado pelo jornalista Tom Brokaw (1940), que escreveu um livro com esse mesmo título, lançado em 1998.

A Geração Silenciosa — nascidos entre 1925 e 1945

Inclui os que eram muito jovens para lutar na Segunda Guerra. São geralmente conhecidos como os filhos dos pais que viveram a Grande Depressão, fase que teve profundo impacto em seus anos de formação, como vimos na apresentação da geração anterior.

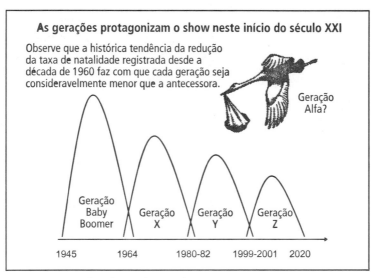

Figura 29 — Resumindo essa história de gerações.

A Geração Baby Boomer
— nascidos entre 1946 e 1964

É a geração que veio na grande explosão da taxa de natalidade nos anos posteriores à Segunda Guerra (daí o termo "baby boom"). Pela própria força de seu número, os boomers, como são chamados pelos demógrafos e marqueteiros, impuseram novos cursos de tendências de estilos de vida e valores menos conservadores que sacudiram o American Way of Life predominantemente WASP, isto é, branco, anglo-saxão e protestante. Foram os homens e mulheres dessa geração que deram vida ao rock'n'roll, ao uso de drogas como expressão contracultural, a movimentos sociais pelos direitos civis, ao movimento hippie, à revolta dos estudantes de 1968, ao sexo fora do casamento etc. Os boomers são a geração que agora, entrando nos seus 70 anos, tem sua agenda atual fundamentalmente comprometida com redefinir a velhice. Estudiosos e escritores que analisam essa geração costumam dizer que os boomers estão mudando a pergunta "Quando se aposentar?" para "Por que se aposentar?".

As gerações que se seguem aos boomers ainda estão sendo estudadas. Eles ainda estão muitíssimo ocupados escrevendo suas biografias. Aliás, os mais jovens ainda nem começaram propriamente. Mas qual é a segmentação que os marqueteiros, sobretudo, estão fazendo da rapaziada que nasceu nos anos 1970?

A Geração X — nascidos entre o final dos anos 1960/começo dos 1970 e 1980/1982

Essa é a geração dos que são adultos maduros e que ainda estão criando filhos, mas que também se beneficiaram da diversidade propiciada pelas transformações, sobretudo libertárias, introduzidas nas sociedades mais ocidentalizadas pelos boomers. Essa é a turma atualmente entre seus 30 e poucos anos até a beirada dos 50. Essa geração teve uma taxa de fertilidade marcadamente menor, um tempo em que as mulheres deixaram seu papel de protagonismo apenas como donas de casa — daí vem a explicação de famílias de um ou dois filhos criados em ambiente de muito mais afluência material e liberalidade de costumes.

A Geração Y — nascidos entre 1980/1982 e meados da década de 1990

Ys são também chamados de Geração Milênio e essa é considerada a primeira geração que conviveu pelo menos desde a adolescência com a internet. Como foi dito acima, filhos de X têm muito mais acesso à afluência material e gozam de valores muito mais liberais. Isso explica talvez por que essa geração seja vista por muitos como mais imatura do que as anteriores, pois, em geral, preferem ficar mesmo como adultos plenamente formados na casa dos pais. Essa é a geração que no Brasil, por exemplo, mesmo com mais de 20 e tantos anos, ainda chama genericamente adultos de mais de 30 de "tios" ou "tia".

A Geração Z — nascidos a partir da segunda metade da década de 1990 e anos 2000

Essa é considerada a primeira geração internet puro-sangue. Estão desde crianças expostos às ferramentas de navegação do mundo digital. Para eles, smartphone e internet são coisas absolutamente naturais e instintivas. São chamados de Nativos Digitais, em contraposição a todos os que nasceram antes deles, conhecidos como Imigrantes Digitais.

Promovendo o diálogo intergeracional

As empresas, as organizações e a sociedade em geral necessitam desesperadamente de um diálogo que possibilite a concertação reunindo a diversidade de atores no palco.

Nos anos 1960 e 1970, quando os boomers em sua juventude eram maioria esmagadora, o diálogo não foi produtivo. Atitudes e juízos preconceituosos de um lado e do outro. Alguns sintetizados na forma de palavras de ordem como o famoso bordão dos boomers: "Não confie em ninguém com mais de 30 anos." Um exemplo de intolerância no campo oposto é a conhecida frase de Nelson Rodrigues: "O jovem tem todos os defeitos do adulto e mais um: o da inexperiência."

Precisamos promover nossa capacidade de empatia de forma estratégica, sobretudo aqueles que estão em posição de liderança nas empresas e organizações. Sem isso desperdiçaremos a energia e a capacidade de inventar novos caminhos típicos da juventude e igualmente a capacidade de pensar e sopesar estrategicamente e com mais sabedoria, que são características que necessitam de tempo e experiência para amadurecer.

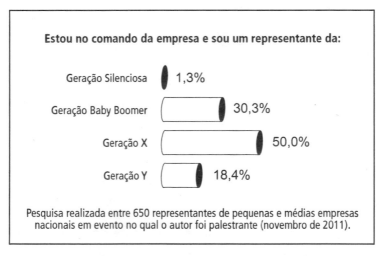

Figura 30 — Uma representação genérica da presença e proporções das diversas gerações em atividade nas organizações nos dias de hoje.

Tenho tido a oportunidade de conviver em empresas ajudando a promover o diálogo intergeracional como uma necessidade cada vez mais imperiosa. Antes, até meados do século XX, tínhamos basicamente duas gerações ativas dentro de uma organização. Estamos atualmente sentindo que quatro gerações estarão em breve atuando nas empresas. Antevejo que mais um pouco à frente a humanidade terá que criar condições para que até mesmo cinco gerações trabalhem juntas e sinergicamente em espaços organizacionais. Como promover essa cultura organizacional?

Uma vez que este não é um livro para quem tem menos de 40 anos, a procura de soluções é focada na perspectiva de todos nós que somos indivíduos das gerações baby boom e X e desejamos permanecer nos divertindo e fazendo parte da estrutura produtiva da sociedade e não à margem dela, simplesmente numa aposentadoria de ócio compulsório. Como devemos agir?

O fundamental é não passarmos para uma posição nem defensiva nem ressentida. Não é apenas a memória institucional o diferencial que nos torna únicos e mais capazes de contribuir nesse sentido.

Quando passamos dos 40, sabemos que a típica arrogância e a pretensão de saber tudo dos jovens se dissolve em poucos anos, especialmente quando descobrimos a experiência de trabalhar por longo tempo com pessoas e organizações das mais variadas.

Entre as várias empresas com que tenho tido contato, seja como consultor ou estudioso, o que me chama atenção é a capacidade de elas terem explicitamente em sua cultura uma mentalidade, instituições, foros e ferramentas para concertar três gerações trabalhando em sincronia, cada uma aproveitando melhor suas capacidades, competências e especificidades da fase da vida.

Entre as várias empresas que tenho tido contato, seja como um consultor ou como estudioso, o que me chama a atenção é a capacidade de ter explicitamente em sua cultura uma mentalidade, instituições, foros e ferramentas para concertar três gerações trabalhando em sincronia, cada uma aproveitando melhor suas capacidades, competências e especificidades da fase da vida de cada uma delas.

Em geral, seja de forma tácita ou explícita, as organizações e empresas que procuram integrar os esforços, talentos e capacidade de gerações distintas se guiam por um desenho institucional que prevê quatro raias geracionais conforme a tabela a seguir.

O desafio de combinar a diversidade para extrair o melhor

Geração	Agenda	Rotina	Remuneração e benefícios
	Operacional		
Jovem (22-35)	Orientada por metas com foco na compreensão do funcionamento operacional	Carga de trabalho presencial e viagens considerável	Baseada em carga de trabalho e resultados
	Estratégico-organizacional		
Intermediária (33-46)	Priorizando a gestão estratégica baseada em profundo conhecimento e experiência	Carga de trabalho pesada e agenda intensa de viagens	Fortemente competitiva
	Grande estratégia		
Madura (46-59)	Prioriza estratégico-político e institucional, entendendo a organização como um organismo em permanente evolução em contexto amplo do meio ambiente externo e das necessidades e oportunidades de inovar/mudar	Compatível com os objetivos de priorizar no estratégico	Flexível com possibilidades de dedicar tempo a se reinventar
	Suporte estratégico inovador		
Sênior (acima de 60)	Suporte transversal como conselheiro e mentor em todos os níveis geracionais	Totalmente orientada por projetos inovadores	Extrema flexibilidade

CAPÍTULO 11

Sobrevivência básica com as ferramentas digitais

Uma das coisas que você não pode subestimar é a necessidade de saber usar ferramentas para navegar os caminhos do sistema de autoestradas digitais da Sociedade Digital Global e da Economia do Conhecimento. Da mesma forma que você aprendeu a ler, o importante é adquirir algum nível básico de proficiência no manuseio de ferramentas digitais.

Não precisa ficar temeroso, ressentido ou envergonhado frente ao desempenho que a meninada apresenta em termos desse tipo de habilidade. O mais importante é você nunca ter vergonha de sua eventual ignorância. Relaxe, você não precisa aprender a programar. Aprenda a ser de novo uma criança curiosa e vamos em frente.

Os Nativos e os Imigrantes Digitais

Vira e mexe uso aqui a expressão Sociedade Digital Global para me referir a este mundo em que vivemos e que vai sendo cada vez mais conformado e configurado pela utilização intensiva de tecnologia digital de informação e telecomunicações.

Esse novo e bravo mundo digital em formação acelerada reúne basicamente dois tipos de atores, isto é, grupos de seres humanos que podem ser categorizados em termos de seu comportamento e de sua mentalidade, considerando a forma como usam e entendem as ferramentas digitais que vão sendo incorporadas ao cotidiano ✦

O primeiro grupo é o daqueles que nasceram pela década de 1990, que cresceram tendo a internet como parte natural de seu ambiente cultural e cognitivo. Esse grupo é o dos **Nativos Digitais**. Para eles, a vida real compreende, de forma integrada e sem fronteira, tanto as relações on-line quanto as relações off-line, um mundo no qual ocorre a naturalização absoluta do uso das ferramentas digitais.

O segundo grupo é o das pessoas que têm mais de 30 ou 35 e foram pegas já em idade adulta pelo advento da internet. As pessoas que fazem parte desse grupo — quase metade da humanidade em idade produtiva, do ponto de vista profissional — compreendem a nova realidade representada pela digitalização da produção, do consumo e das relações humanas como se fosse um novo e selvagem Velho Oeste, ou como os europeus viam o novo continente americano entre os séculos XVI e XIX. Talvez tenha sido pensando nisso que pesquisadores de ciências sociais batizaram as pessoas desse grupo de **Imigrantes Digitais.**

Os Imigrantes jamais serão Nativos.

Os Imigrantes sempre precisarão fazer um esforço adicional para conseguir assimilar aquilo que os Nativos fazem com conforto e facilidade, isto é, a capacidade de pensar e agir usando as inovadoras ferramentas digitais.

Os Imigrantes são, em maior ou menor grau, mais esquizofrênicos se comparados aos Nativos, pois têm uma personalidade ligada ao mundo analógico e outra na forma de uma *persona* digital on-line. Porém, a esquizofrenia, se domesticada com sabedoria e serenidade, poderá ser uma fonte de criatividade e insights poderosos.

Existem Imigrantes que se tornam bilíngues, digamos assim, e são capazes de criar pontes geracionais de diálogo e interfaces entre o velho mundo analógico e o bravo novo mundo digital.

No caso dos Nativos, o grande e indesejável risco vem da massificação daqueles que se tornam Naives Digitais, isto é, daqueles que se tornam usuários hipnotizados e entorpecidos pelas ferramentas digitais.

Existem, entretanto, aqueles que não pretendem, não querem e não têm nenhum interesse em habitar ou mesmo viajar pelo mundo digital. Esses podem ser maldosamente categorizados de **Jurássicos Digitais**, como ouvi uma vez um adolescente se referir à mãe.

Ocorre que o problema dos Jurássicos é que eles se tornam uma espécie de os novos analfabetos na viagem civilizatória que a humanidade empreende no processo de se tornar uma Sociedade Digital Global, pois nessa viagem só existem acomodações para dois tipos de viajantes: os Imigrantes e os Nativos.

Qual tipo de Imigrante você quer ser?

Mesmo sem nunca perder o sotaque, os Imigrantes Digitais podem se tornar capazes de se comunicar de forma bem-sucedida com os Nativos.

Rupert Murdoch, atualmente com 82 anos, ativo e à frente do segundo maior conglomerado de mídia do mundo, a News Corporation, como CEO e presidente do conselho, é o exemplo de uma pessoa que depois dos 60 anos passou a seguir com interesse e profundidade o processo de digitalização da mídia em papel para a internet. Em 2005, ele afirmou: "Nós nunca vamos nos tornar verdadeiros Nativos Digitais. Mas nós podemos — e devemos! — começar a assimilar a cultura e o jeito de pensar deles."

E pelo visto ele tem aprendido bem a fazer isso. Murdoch tem lá suas posições controversas como empresário de tendências oligopolizantes, mas soube aproveitar as crises pelas quais passaram jornais centenários, como o *Wall Street Journal*, por exemplo, para comprá-los e reposicioná-los com sucesso nos novos tempos digitais.

Para pessoas mais velhas, acertar o passo para não virar um Jurássico Digital pode parecer muito difícil, mas dá para fazer uma estratégia de aprendizado e desenvolvimento. Pesquisadores de estilos de vida costumam identificar três categorias de Imigrantes Digitais:

- **Os Esquivos**: Aqueles que sequer consideram a ideia de experimentar coisas novas, como ler jornais no tablet, fazer compras e realizar operações bancárias via internet, e que dizem estar felizes com sua vida do jeito que é.

- **Os Relutantes:** Aqueles que se sentem confortáveis com suas vidas, mas sabem que com um pouco de esforço podem aprender coisas novas e que isso acaba trazendo um bom resultado. Essa categoria se sente mais desconfortável com a velocidade com que coisas novas aparecem e tornam obsoleto o jeito "tradicional" de fazer as coisas.

- **Os Novidadeiros:** São aqueles que abraçam calorosamente a vida e as novidades simplesmente pelo fato de serem novidades. Aparentam uma grande empatia com os Nativos, sendo capazes de surpreendê-los, tal o grau de familiaridade com que seguem as transformações. (Meu pai, já falecido, era um tipo assim. Apesar de ser advogado, sem formação técnica alguma em TI, comprava computador novo a cada dois anos pelo puro prazer de experimentar o mais novo sistema operacional. Comprava livros, aplicativos, estava sempre pulando para a banda mais alta disponível. Mesmo trabalhando como consultor jurídico até seus últimos meses, era capaz de sugerir a seus clientes empresariais melhorias em TI que eles ainda nem sabiam existir.).

O problema em ser um Esquivo do tipo fundamentalista — e, portanto, um verdadeiro Jurássico Digital —, é que você perde avenidas de comunicação com novas gerações e até mesmo conexões com o contexto cultural da realidade contemporânea. Isso é um caminho semelhante a se tornar um velho resmungão. Se você é feliz assim, bom para você. Sem problema!

O caminho dos Novidadeiros é mais apropriado para quem tem mais tempo para cultivar a novidade em TI mais como hobby, sobretudo porque você vai investir um tempo muito maior nisso em detrimento de outras atividades. Também é uma escolha.

Entretanto, a minha sugestão é o caminho do meio nessa encruzilhada. Esse é o caminho mais aconselhável. Nesse caminho você vai ser capaz de discutir estrategicamente no mundo corporativo tendo mais clareza de como vai se dando a inexorável transformação digital que vai levar o trabalho humano a se pensar de forma criativa e deixar o trabalho programável e físico para computadores, robôs e sistemas inteligentes.

Para quem pretende seguir o caminho da evolução e não se deixar ficar para trás, a escolha de ser um Imigrante Digital Relutante é a mais sensata. Isso é um desafio que dá para encarar sem ter que se tornar um Novidadeiro. Porém, é preciso planejar e trabalhar com afinco. Isso não vem naturalmente. Você já não teve que fazer dieta alguma vez na vida? Não teve que fazer exercícios para não virar sedentário? É mais ou menos assim. Requer esforço e determinação.

É possível fazer um desenvolvimento permanente de forma prazerosa, e o que é melhor: colaborativamente e em rede! Nas seções seguintes, apresento algumas dicas.

Adquirir conceitos e vocabulário que provavelmente ainda são grego para você

Procure fazer um caderninho (ou vários), mas de papel. Isso mesmo, o bom e velho papel tem sido a mídia mais confiável da humanidade e vai continuar sendo.

Nesse caderno, você fará suas anotações, que podem ir desde senhas a dicas interessantes que você descobriu dando uma passeada no Google.

Procure desenvolver um glossário de temas e palavras-chave que vão se tornar a realidade inexorável (ou não! Afinal não dá para prever o futuro mesmo!).

Aconselho você a dar uma espiada nos seguintes temas, por exemplo:

- Computação nas nuvens (*cloud computing*)
- Internet profunda (*deep web*)
- Internet das coisas (*internet of the things*)
- Big data (estocagem de dados das pessoas que entram em sites e fazem operações na web)

Está fora do escopo deste livro explicitar o significado desses conceitos, mas acho importante você procurar estar antenado com coisas que podem parecer excessivamente futurísticas e apavorantes do ponto de vista dos leigos. Mas tudo isso já é parte do nosso mundo. Dar uma espiada na forma como o futuro vai desembarcando é uma maneira de nos mantermos aquecidos e instigados em termos de motivação. É como se tivéssemos que perder vinte quilos e saber que conseguimos fazer isso!

A escolha de boas ferramentas para navegar o mundo digital

O básico

Faça um bom investimento em três equipamentos:

1. Uma estação de trabalho de mesa: pode ser um notebook ou ultrabook, mas de preferência que esteja acoplado a um bom monitor grande de tela plana. Invista em teclado e

mouse wireless, que ajudam a gente a ter mais conforto e mesa mais limpa.

2. Um smartphone.
3. Um tablet.

Smart TV

Se sua casa já tem uma boa rede wireless, então você merece uma Smart TV, que vai permitir que você e a família inteira, além de amigos e visitantes, compartilhem o conteúdo de seus smartphones, tablets e computadores no telão da TV.

Cuidado com escolhas que aparentemente tornem as coisas mais fáceis, mas que no decorrer do tempo o tornam consumidor cativo de apenas uma marca que cobra cada vez mais caro. Applemaníacos aos poucos começam a perceber que amigos que diversificaram suas escolhas podem ter problemas, mas, pelo fato de se acostumarem com diversidade, se tornam menos dependentes de fabricantes e mais proficientes em questões digitais, evoluindo mais rápido na condição de imigrantes digitais.

Leitor de e-book

Se você é um leitor voraz, poderá fazer a experiência de ler e-books no seu tablet, seja ele um iPad ou qualquer outro dispositivo que rode Android (o sistema desenvolvido pela Google para concorrer com a Apple). Tem muita gente que gosta do leitor de e-book exclusivo (e-book reader), que oferece uma experiência de leitura mais parecida com a do livro em papel.

É muito mais barato e prático ler, fazer anotações e conservá-las (inclusive para acesso rápido e conveniente) no próprio tablet. Isso permite ler o texto e as anotações simultaneamente em outros dispositivos (computador de mesa ou no smartphone) e até mesmo para compartilhar com amigos via internet. Acho que à medida que os e-books se tornarem populares, compraremos cópias digitais dos livros para uma primeira leitura. Se, entretanto, nos tornarmos afetivamente ligados a determinada obra, se a mesma for marcadamente importante inclusive do ponto de vista afetivo — por exemplo, amei e quero ter para o resto da vida na minha estante! —, compraremos uma segunda versão da obra, dessa vez em papel.

Formando uma coleção pessoal de apps

Os apps, ou simplesmente aplicativos, são os programas utilitários que baixamos da internet para usar no tablet ou smartphone e que executam rotinas específicas das mais variadas. Podem ser pagos ou gratuitos, e são baixados da internet através do canal geralmente disponibilizado pela central do sistema operacional do seu tablet.

São milhares e milhares de apps disponíveis. Utilitários que possibilitam desde ler jornais específicos a acompanhar a previsão do tempo. Os jovens e talentosos Nativos Digitais que escovam bits e bytes, isto é, que são desenvolvedores e programadores, sonham diariamente em criar um *killer app*, um aplicativo matador, que atraia milhões de usuários e em seguida investidores — tornando-os ricos!

Os tablets e smartphones, conhecidos como dispositivos móveis, são as máquinas mais alinhadas com o mundo dos apps, muito mais do que os computadores de mesa (desktops e notebooks, especialmente os que rodam o sistema operacional Windows da Microsoft).

Existem centenas de milhares de apps para praticamente tudo, e é muito importante que você desenvolva a capacidade de estar antenado com os apps mais populares no mercado. Isso vai lhe dar uma capacidade muito maior de ser um nativo antenado.

Não deixe passar uma chance de se informar sobre os apps que as pessoas estão usando. Perca o medo de mostrar sua ignorância. Pergunte até mesmo ao office-boy que está teclando alguma coisa ao seu lado no elevador que você percebe que não é simplesmente uma mensagem de texto (torpedo).

Um app pode ser baixado diretamente da internet de determinado site, se você estiver usando um desktop, ou então via loja da Google (Google Play) ou da Apple (App Store), no caso de você estar usando um tablet.

Não quero dar uma de garoto-propaganda de apps, mas gostaria de compartilhar com vocês alguns que uso pessoalmente e que são, de fato, uma mão na roda. Vamos lá?

PROVIDÊNCIA IMEDIATA: UM APP PARA GUARDAR SUAS COISAS NAS NUVENS

Um app que julgo muito importante é aquele que permite sincronizar nossas diferentes maquininhas de navegação, isto é, o smartphone, o tablet e os diferentes computadores de mesa (afinal não é tão incomum ter um desktop pessoal em casa e outro no escritório).

Sincronizar exatamente o quê? Os dados, ora. Digamos que você tem arquivos que foram gerados e estão guardados no seu desktop na empresa e que você gostaria de poder acessar também dos seus outros aparelhos conectados à internet.

Essa tarefa de manter cópias atualizadas de um documento em qualquer uma das maquininhas em que ele é modificado é realizada com facilidade, louvor, segurança e competência pelo Dropbox. Esse aplicativo tem uma versão gratuita que funciona até um determinado limite de dados. Se você quiser guardar um volume maior de dados, aí vai ter que pagar por isso. Mas na versão gratuita cabe muita coisa. Procure o site do Dropbox na internet e baixe para conferir. Claro que tem várias outras alternativas de solução ao Dropbox!

Uma observação: no caso de você não dispor de nenhuma das suas ferramentas pessoais de navegação na internet, isto é, o seu computador ou um de seus dispositivos móveis, não tem problema. Os seus arquivos estão na nuvem e você pode entrar na sua conta Dropbox usando qualquer outro meio de navegação, onde quer que esteja. Legal, não é?

UM APP PARA LER E FAZER ANOTAÇÕES EM TEXTOS FORMATO PDF NO SEU TABLET

Uma coisa que você vai rapidamente descobrir é que os arquivos de muitos dos textos que você vai ler em seu tablet vão estar no formato PDF. Que bom seria se pudéssemos abrir esses textos, fazer anotações e comentários, marcações e ainda compartilhar com colegas e ter de volta as anotações deles. Tudo bem, isso existe. E, se não for grátis, é quase de graça. Meu aplicativo preferido do gênero se chama ezPDF Reader e permite que você faça tudo isso. O preço costuma ficar por volta dos 3,99 dólares, se não me engano. E tudo o que você quiser ler e usar para fazer suas anotações fica organizado na forma de uma biblioteca de uso muito amigável.

Apps de troca de mensagens em tempo real
que vão bem no seu smartphone

Existem pessoas às quais estamos fortemente ligados no dia a dia, sobretudo familiares, com quem gostaríamos de ficar conectados sem precisar fazer ligação de celular, enviar e-mail ou trocar mensagem via redes sociais. Por exemplo, marido, mulher e filhos, esses em qualquer idade, na própria cidade, às vezes viajando ou até mesmo morando em outros países. Nessa situação, a melhor solução são os apps de troca de mensagens, que permitem trocar textos, fotos e até vídeos. O meu favorito é o WhatsApp. Existem várias opções concorrentes gratuitas ou bem baratinhas, ao custo de por exemplo 1 dólar por ano!

Mas vamos parar por aqui. Esse é um assunto inesgotável. Cada vez aparecem mais apps para as mais diversas finalidades e especialmente para os dispositivos móveis, isto é, tablets e smartphones. Todos os bancos oferecem aplicativos para você movimentar sua conta corrente. Táxis podem ser chamados e monitorados em tempo real nos dispositivos móveis. E a lista de apps vai crescer cada vez mais. Afinal, uma parte da garotada dos Nativos Digitais fica pensando e desenvolvendo o que mais pode gerar um app que vai acabar acontecendo no mercado. Uma boa forma de ficar antenado com o aparecimento de apps é a literatura off-line.

Existem revistas em papel — isso mesmo, em papel, apesar de todas terem versão em formato app! — que são ótimas para dar uma visão ampla do que é quente no mundo da TI. Existem as nacionais, como a *INFO*, e as internacionais, como *Wired*, *Fast Company* e outras do tipo para leigos (for dummies). Essas publicações misturam mundo digital, empresas de

TI, personalidades empreendedoras, test-drive de apps e gadgets. São ótimas para a gente comprar no aeroporto e ler de um fôlego. Faça isso seguindo o exemplo das mulheres quando leem revistas de moda. Se você é mulher, faça-o como os homens quando leem o caderno de esportes. Sem compromisso! Faça isso. Depois, com essas revistas, chegue ao escritório e dê de presente para o boy ou aqueles rapazes do escritório que você já sacou que gostam de maquininhas do mundo digital.

É surpreendente como os nativos digitais descobrem com naturalidade maneiras de usar, trabalhar e se divertir com as ferramentas digitais. A seguir, duas historinhas que eu gostaria de compartilhar.

Outro dia descobri que o peixeiro do supermercado que frequento é um verdadeiro hacker. Entre um corte especial de atum, salmão ou namorado, ele me explica que desbloqueia qualquer smartphone, conhece os mais inacreditáveis apps, interliga equipamentos dos mais diferentes tipos na rede doméstica e afirma que vai ainda interligar o ar-condicionado e o liquidificador para poder controlá-los remotamente. Eu acredito!

O porteiro do prédio de um amigo meu é especialista em revendas no Mercado Livre (portal na internet de vendas de coisas de segunda mão). Tudo o que os moradores colocam no lixo é de alguma forma recondicionado por ele e revendido (com a permissão dos moradores) no site de vendas. (Ele me assegura que o seu faturamento nessa atividade já supera os ganhos com a atividade de porteiro.)

Um recurso extraordinário sempre generosamente à disposição: a inteligência humana em rede

Uma coisa para a qual você deve estar atento é a possibilidade de contar com a solidariedade, experiência e conhecimento de outros seres humanos absolutamente desconhecidos, em circunstâncias que requerem uma consultoria acerca de determinado problema digital. Basicamente, caso você tenha problemas que não consegue resolver sozinho, digite em linguagem natural no Google ou outro buscador de sua preferência, como o Bing ou o Yahoo! Agora existem aqueles buscadores que não coletam seus dados como o Duckduckgo.com. Pois é, a procura por apps que deem às pessoas mais controle sobre a privacidade delas vai crescer exponencialmente.

Digamos que seu computador apresenta um bug, isto é, uma irregularidade estranha qualquer. Por exemplo, não entre em pânico se desapareceram os ícones de programas da sua tela do Windows. Digite algo como "desapareceram os ícones do Windows". Aguarde e comprovará que várias boas almas tiveram problemas semelhantes e a generosidade de relatar como os resolveram. Ah, se os problemas do mundo real pudessem todos contar com essa solidariedade que há on-line! Se você tiver sorte, verá que muitos bons samaritanos digitais colocaram o passo a passo de sua rotina de solução no YouTube. É isso mesmo, para cada hacker desalmado e sem princípios existem milhares de pessoas com valores positivos. Nunca subestime o poder da rede!

Redes sociais

Agora que falamos em rede chegamos a outro ponto extremamente importante: as redes sociais.

Se você já é proficiente nesse assunto, pule a seção. Entretanto, existe uma forte possibilidade de que seu conhecimento e experiência acerca desse tema seja inversamente proporcional à sua idade. Além disso, costuma ser inversamente proporcional ao cargo ou importância de sua posição corporativa ou social. CEOs e diretores não costumam ter a menor intimidade com redes sociais. Entretanto, acho de crucial importância que você aprenda a lidar com elas. Sem querer fazer nenhum apanhado aprofundado sobre o assunto, acho que vale a pena você conhecer a trinca LinkedIn, Facebook e Twitter.

Comecemos pelo mais importante do ponto de vista profissional: o LinkedIn. Essa é uma rede que as pessoas usam de maneira mais formal. É quase como um cartão de visitas no qual você sumariza o seu currículo de vida.

Ali você vai estabelecendo contatos com outras pessoas, vai frequentando grupos temáticos de seu interesse. Nunca, jamais use o LinkedIn como se estivesse, por exemplo, na sala de jantar de sua casa, de bermuda e chinelo. Pense em usar o LinkedIn como se estivesse no ambiente de trabalho com todo mundo olhando para você.

Eu estou lá. Minha política é de só convidar e aceitar contatos de pessoas com quem trabalhei, tive reuniões ou estive em conversação de natureza profissional. É gafe sair pedindo a todo mundo para ser seu contato, bem como ficar usando a rede comercialmente ou fazendo posts com o objetivo de marcar sua presença. Isso pode queimar seu filme e torná-lo um "mala".

Relutante de entrar no LinkedIn com zero contatos no perfil? Combine com amigos a entrada coletiva, ou eventualmente com um grupo de autoajuda. Lembra das primeiras festas da adolescência, quando os rapazes ficavam sem saber como abordar as garotas e vice-versa?

Acredite, o LinkedIn, cedo ou tarde, terá que fazer parte da sua vida se você pretende ter uma vida ativa e produtiva.

Existem outras redes sociais específicas a que você aos poucos vai sendo apresentado. Não dá para participar de muitas, pois o tempo que isso demanda em nossas vidas é precioso.

O "face", como dizem os adolescentes, é o caso típico de sucesso porque todo mundo está lá. Tendo cruzado a inacreditável marca de 1 bilhão de usuários, é a primeira rede realmente social digital global que é uma espécie de jardim de infância da humanidade em sua trajetória na direção da Sociedade Digital Global.

A maior parte do que está lá é bobagem e consome o tempo. Mas acredite em mim: é uma experiência antropológica importante de nossa era. Você deveria considerar manter uma conta ali até mesmo como *voyeur*, digamos assim.

A questão da privacidade é controlável. Especialmente porque as pessoas acima de 35 anos têm uma noção diferente dos indivíduos da Geração Y e principalmente da Geração Z (muitos dos quais ainda são adolescentes). Ocorre que essa turma mais jovem tem uma cultura de expressão na qual o on-line não difere muito do off-line. Explico.

A "galera" é capaz de falar coisas muitas vezes íntimas sem se dar conta de que tem mil, 1.500 "amigos", ou mais, que seguem suas postagens de comentários, fotos, textos, vídeos.

À medida que o tempo for amadurecendo, a moçada vai perceber melhor a necessidade de um protocolo mais formal, uma liturgia mais elaborada para distinguir privado e público no mundo on-line.

Como já falei anteriormente, minha percepção é de que, a partir dos 40 anos, quanto mais alto o seu cargo em uma empresa, mais remota é a possibilidade de que você tenha uma conta no Facebook. De qualquer maneira, recomendo fortemente que você experimente, nem que seja como brincadeira, essa história de rede social.

Pode acontecer a "fadiga do Facebook" e as pessoas começarem a migrar para outras redes concorrentes como o Google+ ou algum outro? Pode! Mas ninguém sabe ao certo o que vai realmente acontecer!

Em relação ao Twitter, não posso dizer que sou exatamente um entusiasta. Entretanto, a rede é utilizada e elogiada por alguns especialistas em redes sociais que têm o meu respeito. Além disso, a empresa está avaliada em 10 bilhões de dólares, portanto...

De qualquer maneira, a menos que você seja uma celebridade ou fale institucionalmente em nome de uma grande empresa pretendendo enviar mensagens em 140 caracteres para milhares ou milhões de seguidores, acho que o Twitter até hoje não é grande coisa. Se você achar que estou redondamente enganado, me mande uma mensagem por lá!

Ode ao tablet

Meu amigo é vice-presidente mundial da área financeira de uma multinacional cuja sede fica na Europa. O cara é bom mesmo! Prova disso é o fato de seu nome estar na lista de potencial CEO para comandar mais de 140 mil funcionários espalhados virtualmente por duzentos países.

Como todo executivo de finanças, ele é obcecado com a tal *relação custo-benefício*. No caso dele isso acaba sendo um pilar de sua vida pessoal. Ele leva tão a sério a tal relação custo-benefício que para ele as melhores coisas da vida são aquelas boas, bonitas e necessariamente baratas.

No final do ano passado, papeando em um café com esse amigo, saquei meu tablet para mostrar uma apresentação. Para minha surpresa, ele disparou: "Qual a vantagem do tablet? Afinal, me parece que tudo que você pode fazer com o tablet, eu posso fazer com o meu netbook. Pra que então investir em um tablet?"

Tenho sido um entusiasta promotor do tablet. Entendo essas maquininhas como essenciais para uma participação ativa na Sociedade Digital Global. Em primeiro lugar porque o tablet desloca (com vantagem) o papel como mídia dominante.

Acho que tudo que vai para o papel atualmente vai acabar indo para dentro do tablet. Isso inclui livros, jornais e revistas. Essa migração vai baratear e tornar ainda mais acessível o conteúdo para o mercado consumidor. Essa ida para o tablet tem ainda a vantagem de ser ambientalmente muito mais sustentável, tanto pela racionalização do uso do papel quanto pela logística de distribuição.

Minha aposta é que livro no formato impresso será uma opção secundária. As pessoas vão comprar livro em papel só depois de concluírem pela leitura em formato e-book que aquela é uma obra muito especial, que vale a pena ter no papel pelo prazer de manusear e guardar.

O tablet permite um acesso muito conveniente a TV, filmes, internet, rádio etc. Sua portabilidade é imbatível. Você pode levá-lo na mão dentro do avião, no metrô, no táxi. Pode usá-lo deitado para ler ou acessar a internet. Coisa que, convenhamos, é muito chata de se fazer com um notebook, e um pouco insatisfatória na tela de um smartphone.

O tablet ficará em posição ainda mais competitiva à medida que a nuvem da internet for sugando para dentro dela cada vez mais dados e aplicativos que estão atualmente na memória dos HDs dentro de nossos desktops e notebooks.

Até aqui, pelo menos para mim, o tablet é a ferramenta mais emblemática da (r)evolução digital. Embora cada vez mais sofisticado, é uma máquina que vem sem manual. Costumo dizer que só é necessário olho, dedo e curiosidade para se tornar proficiente no uso de um tablet. Tem amigo meu que já deu de presente para usuários tão díspares quanto a filha de 5 anos e a mãe que tem Alzheimer, sendo que ambas são capazes de se divertir imensamente com os aparelhinhos.

Este ano reencontrei meu caro amigo "custo-benefício". Desta vez ele também trazia seu tablet, empolgado. Ele me disse que está defendendo para o orçamento de 2013 a universalização do tablet dentro da sua empresa para todos os funcionários, não apenas os executivos e administrativos.

Minha aposta é que a penetração do tablet no mundo vai atingir quase 100% antes do final da década. Um processo análogo, porém ainda mais rápido do que a universalização do celular, que no Brasil já passou de 255 milhões de linhas ativadas.

Tablet: seguramente todo mundo vai ter um. Quanto mais cedo você arrumar o seu, melhor!

Lembre-se disso: nunca tenha vergonha de não saber escovar bits ou programar!

Tem um slogan rolando na internet que diz: "Todo mundo deveria aprender a programar." O que mais bomba na web é um vídeo que pretende fazer crer que Steve Jobs, Bill Gates, Mark Zuckerberg e outros conhecidos empreendedores do novo mundo digital se tornaram bem-sucedidos fundamentalmente pela habilidade de saber programar.

O texto que apresenta o vídeo diz que "saber programar equivale nos dias de hoje a saber ler e escrever na Idade Média. Aprenda um novo superpoder que não está sendo ensinado em 90% das escolas nos EUA".

Conheço programadores e desenvolvedores muito bons que a despeito disso acabaram se tornando ao longo dos anos prisioneiros da lógica de programação e do pensamento em forma de algoritmos. A habilidade de programar não deu a eles nenhum superpoder. Mesmo sendo talentosos programadores, vão sempre precisar de alguém que lhes dê um emprego, que é, no final das contas, "escovação de bits", como eles mesmos chamam o que gostam de fazer no dia a dia.

A vida me mostrou que os melhores programadores são aqueles que se tornam, em primeiro lugar, solucionadores de problemas. Mais do que *coding* (programar) você tem que aprender a usar ferramentas diversas para resolver problemas. Seja programando, usando apps, vários computadores interligados em rede ao mesmo tempo etc.

Mas se você quer mesmo fazer acontecer, aprenda a ser um integrador. Esse é o cara! O integrador é alguém que visualiza e articula sistemas de maior ou menor complexidade harmonizando máquinas, redes e pessoas com o objetivo de estrategicamente resolver problemas e entregar soluções, produtos e serviços que possam ser colocados no mercado e achar quem pague bem por isso.

Minha opinião não vem da antipatia ou do ressentimento de não saber programar ou de não ter intimidade profunda com tecnologia. Aprendi a programar com 18 anos, no tempo em que pouquíssima gente fazia isso! Gosto de programar e já programei nos mais diversos ambientes de redes, de software, linguagens e até mesmo fazendo chip de processador da placa-mãe conversar com memória e periféricos no nível mais básico de linguagem de máquina bit a bit, byte a byte.

E tem mais: ainda que seja muito legal aprender a programar nas escolas, não ache que é esse o grande lance que vai salvar a educação fundamental ou tampouco uma nação.

Não deixe jamais que o envergonhem de sua condição de Imigrante Digital! Quando vierem com esse papo para cima de você, diga simplesmente: "Bobagem!"

CAPÍTULO 12

O futuro que já começou

M ilhões de pessoas com mais de 40 anos já estão experimentando o bônus de longevidade que a vida lhes deu. São exemplos inspiradores que nos chegam especialmente de sociedades consideradas mais desenvolvidas. Lá a velhice antes dos 80 vai sendo abolida.

Um libelo contra a aposentadoria

Exatamente com esse título, Chris Farrell, um dos editores e colunista da conhecida revista norte-americana *Business Week*, abordou em um de seus artigos no final de 2011 a reviravolta dos costumes que a Geração Baby Boomer está capitaneando nos EUA. Os boomers estão chegando agora à idade da aposentadoria. Entretanto, diferentemente das gerações que os sucederam, estão apresentando um novo padrão. Em síntese, o que ele diz é o seguinte:

"Para a maior parte dos trabalhadores nos EUA [até a geração passada] o último estágio da vida era o tempo do lazer, da recreação e de gozar a vida. A Era da Aposentadoria [na qual entramos após as reformas sociais de 1935] acabou. Uma nova visão de idade mais velha está emergindo. Esqueça a aposentadoria. Continue trabalhando. Veja um longo tempo à frente.

As pesquisas mostram que os boomers dizem querer trabalhar em seus anos dourados de mais idade. Eles vão realizar seu desejo. A questão não é mais 'Como fazer para se aposentar mais cedo?'. Agora a questão é 'Por que se aposentar?'. Na verdade, como todas as mudanças tectônicas, tanto as de cunho social quanto econômicas, a tendência não é nova. O processo está se desenvolvendo nas três últimas décadas."

Farrell mostra que parte da mudança vem como consequência da necessidade de recompor perdas econômicas acontecidas desde a crise iniciada em 2008 e que diminuíram as reservas pessoais e também de fundos de pensão que estavam aplicadas em Bolsa de Valores e investimentos que deram para trás.

Ele pondera que há uma percepção pública de que a vida é muito mais longa agora do que quando o sistema previdenciário foi aprovado em 1935. Naquela época, a expectativa de vida média do americano era de 61 anos. Agora, é de 78.

Mudou também a natureza da economia: nossa economia é "dominada por serviços, empresas informatizadas, negócios do conhecimento são muito mais fáceis de trabalhar do que uma economia na qual predominam fábricas, minas e fazendas".

"A perspectiva de trabalhar mais tempo sugere que mais e mais as pessoas vão ter ritmos de vida alternados, algumas vezes trabalhando de forma intensa, em outros momentos explorando novas oportunidades."

Como contraponto, ele analisa que as empresas estão ávidas por atrair força de trabalho experiente, a mesma energia e capacidade que impulsionaram o dinamismo da economia que criou demanda para turismo e lazer de massa. Farrell aposta que uma nova pactuação de remuneração é de interesse mútuo, tanto dos boomers, que agora não precisam mais criar filhos e querem jornadas mais flexíveis, quanto das empresas, que poderão economizar com uma força de trabalho experiente.

Farrell termina seu artigo olhando para o futuro de maneira confiante: "O processo de envelhecimento dos EUA não é uma fábula sobre a chegada da economia da utopia. A transição para o novo mundo do trabalhador mais velho será difícil. Mas existem várias forças positivas se movimentando neste processo. Os mais velhos são mais vitais do que anteriormente. Os americanos podem se permitir envelhecer. Eles envelheceram graciosamente e trabalhando."

As estatísticas do Departamento do Trabalho dos EUA confirmam que mesmo trabalhadores da geração que precede os boomers, os representantes da Geração Silenciosa, que reúne os filhos cujos pais viveram a Grande Depressão, estão encontrando motivos similares aos dos boomers para se desaposentar e retornar ao trabalho. Como Farrell foi capaz de compreender, trabalhar acaba rendendo uma vida com mais do que o ócio compulsório: "O trabalho é física e mentalmente energizante para muitas pessoas. Ele representa um meio ambiente social, com celebração de aniversários, bate-papo, amigos, conhecidos e pessoas para conversar, contar histórias e fofocar."

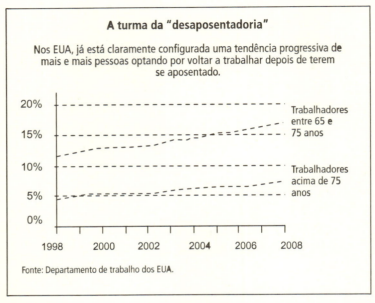

Figura 31 — Os dados estatísticos comprovam que nos EUA já existe uma tendência evidente de estender a vida ativa. Até mesmo para quem já estava aposentado!

Uma vida ativa e produtiva em diferentes fases

Qualquer um que para de aprender se torna velho, seja aos 20 ou aos 80.

HENRY FORD, ATIVO ATÉ SEUS 83 ANOS

O que Peter Drucker já anunciava nos anos 1990 já está acontecendo nos países onde a Economia do Conhecimento se faz sentir com mais força. A tendência do alongamento da vida ativa faz com que tenhamos dois tipos distintos de força de trabalho, uma parte composta pelos indivíduos de menos de 50 anos e a outra pelos de mais.

O grupo mais jovem é aquele que vive a fase heroica de dedicação à família, criação de filhos e, por isso, necessita de uma renda mais estável vinda de um trabalho permanente, ou pelo menos uma sucessão de serviços em tempo integral.

O grupo mais velho, já mais liberado da carga de dedicação à família, cresce rapidamente e demanda mais flexibilidade de opções, combinando trabalhos tradicionais, não convencionais, hobbies e lazer nas proporções que mais se adaptarem ao seu perfil e disponibilidade.

As mulheres, com o fim do papel de dona de casa, e ao contrário dos homens, procuram ajustar a flexibilidade do trabalho em tempo parcial com a dedicação à maternidade. Isso fica patente quando olhamos os dados relativos a trabalho, gênero e faixas etárias na Austrália, por exemplo, conforme retratado na ilustração a seguir.

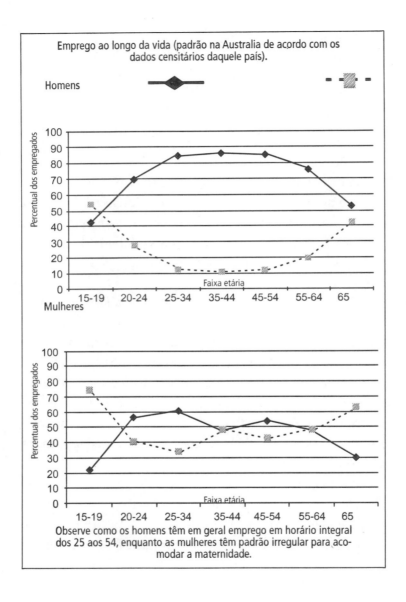

Figura 32 — As estatísticas mostram que a natureza do vínculo de trabalho está ligada aos compromissos e às prioridades das pessoas.

A valorização do trabalhador de cabelo branco

Imagine se você fosse um profissional da área de RH e encontrasse entre seus pares alguém que fizesse uma recomendação que poderia, provocativamente, ser resumida na seguinte fórmula:

2 de 30 por 1 de 50 = + resultados – problemas

Pois é! Algo nessa linha saiu de um painel de especialistas discutindo a questão do envelhecimento da humanidade e que recomendou que as empresas devem considerar uma nova política de recursos humanos que promova maior valorização dos trabalhadores de cabelos brancos.

Recentemente, ao final do ano de 2012, o Fórum Econômico Mundial, entidade que realiza o famoso encontro anual de lideranças empresariais na cidade de Davos, na Suíça, produziu um encontro especial para tratar da questão do envelhecimento da humanidade e seu impacto econômico e social em termos mundiais. O relatório intitulado *O envelhecimento da população global — Perigo ou promessa?* está disponível na internet.

Um dos aspectos que foram levantados no evento é interessante como tópico de discussão, sobretudo entre os executivos da área de recursos humanos. Os participantes do encontro do Fórum Econômico Mundial registraram em relatório que "um ponto que é frequentemente negligenciado no debate é que os trabalhadores de mais idade adicionam mais valor ao empregador. As organizações que reconhecem este fenômeno se beneficiam de uma série de maneiras. Por exemplo, contrariamente à crença corrente entre a maioria dos empregadores, a performance no trabalho não declina com a idade".

"Adicionalmente", o relatório prossegue, "certas formas de habilidades, como a inteligência cristalizada ou o conhecimento cumulativo, na verdade, aumentam com a idade. Pesquisas indicam que existem formas importantes de participação que o trabalhador maduro pode oferecer, por exemplo, um maior conhecimento do sistema de relacionamento e aspectos psicológicos das relações de trabalho. Do ponto de vista da empresa, os maduros são mais confiáveis do que os jovens. No que diz respeito à produtividade, os mais maduros em comparação com os mais jovens são menos propensos de envolvimento em furtos e fraudes, de mudar de emprego e em termos de absenteísmo".

(Quanto à questão do absenteísmo, pode ter certeza. Isso é estatisticamente verdadeiro, sobretudo porque os mais jovens ainda estão na fase de ter bebês e criar filhos pequenos, e todo mundo sabe o que isso quer dizer. Lembrem-se daquele ditado: *"Descubra a vida selvagem: tenha filhos!"*)

Os participantes do encontro do Fórum Econômico Mundial vão ainda mais longe no sentido de elevar as características positivas dos mais maduros em relação aos mais jovens no ambiente de trabalho. Ressaltam que os mais velhos têm uma rede de relacionamento com fornecedores e clientes muito mais ampla e diversificada que os jovens, que embora tenham uma rede numericamente maior devido às redes sociais digitais, têm articulações menos diversas e mais restritas à sua própria faixa etária. Essa característica dos mais maduros representa um ativo que, se as empresas souberem mobilizar, traz perspectivas mais pragmáticas e realistas para elevar a produtividade, resolver problemas e mesmo para desenvolver inovação.

O relatório do Fórum Econômico Mundial aponta que esse novo tipo de olhar que valoriza o trabalhador da meia-idade para cima é um desafio que as empresas e governos devem enfrentar, sobretudo porque os países plenamente industrializados têm uma economia na qual o setor de serviços representa mais de 70% do total de empregos e é o verdadeiro motor da economia nacional. Esses países têm menos dependência de trabalho físico e, portanto, podem tirar proveito para se tornar uma economia muito mais amigável para a força de trabalho de cabelos brancos.

É inspirador também ler as repercussões que saíram em vários veículos da mídia econômica sobre entrevista dada à rede americana CNBC por Carlos Slim, o mexicano que é o segundo homem mais rico. Aos 73 anos e com a experiência de conquistar e manter uma posição de protagonismo, Slim afirma que o auge profissional começa aos 60 anos. Ele considera que em uma economia regida pelo conhecimento e pela informação e não mais pela capacidade física "é bobagem se aposentar nessa idade desempenhando um trabalho intelectual, pois a pessoa está justamente em seu apogeu".

CAPÍTULO 13

Uma nova mentalidade e o verdadeiro segundo tempo da vida

O diabo pode mais por ser velho do que por ser diabo.

DITADO POPULAR

OK, eu sustentei em várias partes deste livro que a humanidade conquistou no século XX um presente na forma do aumento de sua expectativa de vida média em quase três décadas. Isso é bom. Além disso, procurei mostrar que as gerações que nasceram depois da Segunda Guerra Mundial têm um bônus de quase vinte anos. Maravilha!

Ocorre que, para usar esse bônus, é necessário fazer uma nova estratégia de vida. Em poucas palavras: as pessoas vão ter que se reinventar para um futuro que elas não enxergaram. Principalmente os que cruzaram a linha dos 40 anos de idade. E o começo disso tudo é superar a mentalidade antiga e os mitos que se tornaram obsoletos.

Tenho ótimas notícias para dar acerca de descobertas que cientistas estão realizando em várias frentes, na medicina, incluindo a geriatria, gerontologia, neurociências; na psicologia, em estudos cognitivos, motivacionais e comportamentais; e até no campo da linguística. (Aliás, não é bom subestimar as contribuições que esse campo disciplinar pode trazer em termos de compreensão do desenvolvimento da mente humana e de nossa capacidade de revitalizar as habilidades cognitivas).

Entretanto, antes das boas notícias, preciso trazer as más (esse é o meu método!). Somente depois de nos esfalfarmos na subida da montanha é que poderemos ver a paisagem do alto. No nosso caso, as boas notícias são resultado de uma nova mentalidade que está sendo formada. E as más notícias são exatamente a mentalidade antiga que ainda vigora.

O desafio de superar a mentalidade que transformou o processo de envelhecimento humano em doença

Como muito bem lembrava o economista inglês Lord Keynes: "A dificuldade não está nas novas ideias, mas em escapar das velhas, que se enraízam por todos os cantos de nossa mente." E quais são as ideias velhas que são os maiores obstáculos em nosso caminho para podermos viver plenamente esse bônus que foi traduzido no slogan "Os 60 são os novos 40"?

O "x" da questão é que, no século XX, tempo de formação da sociedade do consumo de massa, vivemos intoxicados por uma ideologia de propaganda e culto da afluência material, ideologia que se apropriou da juventude como símbolo de bem-estar, de beleza e de desejo para vender tudo o que poderia ser imaginável em termos de produtos e serviços.

Nesse processo, o envelhecimento como processo natural da vida passou a ser visto como doença. Você já teve oportunidade de ir com uma pessoa idosa ao médico, por exemplo, levar seu avô ou sua avó, ou mesmo seu pai ou sogro, se os mesmos já cruzaram a linha dos 70? Você já observou como existem dois tipos clássicos de tratamento? Se não observou ainda, anote e constate da próxima vez.

Se o profissional for um médico de idade próxima à idade do paciente, o relacionamento se faz baseado em certa horizontalidade, isto é, o profissional tem uma interlocução diretamente com o paciente. Ainda que seja um tratamento formal, o médico mais velho trata pessoas mais velhas falando diretamente com elas e explicando a elas o diagnóstico, receitando, prestando esclarecimentos.

No caso do médico ainda muito jovem, o tratamento de modo geral é feito como se o paciente fosse quase uma pessoa com retardo ou déficit de funções cognitivas. O médico mais jovem realiza a interlocução explicando o diagnóstico e a medicação ao acompanhante, muitas vezes sem realizar nenhum contato com o paciente, como se este sofresse de demência senil.

Alguma coisa séria aconteceu no século XX, quando o envelhecimento passou a ser visto como doença que cobrará dos seres humanos um ônus em todos os sentidos e dimensões.

Esta é uma longa história que cientistas sociais, principalmente antropólogos e psicólogos, têm trazido à luz e que procura explicar os motivos para a sociedade contemporânea ter passado a tratar aqueles que envelhecem como doentes crônicos, ainda que colocando um verniz de discurso politicamente correto que eufemisticamente chama a essa fase de "melhor idade".

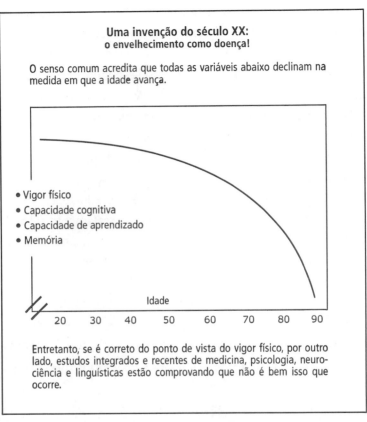

Figura 33 — O envelhecimento não é uma doença terminal.

A psicóloga clínica Natália Alves Barbieri, atualmente completando seu doutorado em saúde coletiva pela Universidade Federal de São Paulo, coloca o dedo na ferida em um artigo intitulado *Velhice: Melhor idade?* O artigo foi veiculado em 2012 na revista *Mundo da saúde*, mas pode ser facilmente encontrado na internet. O trecho que nos interessa e que vai diretamente ao ponto é o seguinte:

"Entre o final do século XIX até a década 1960, a palavra velho estava marcada pela ambiguidade por receber tanto conotações positivas quanto negativas, dependendo principalmente da maneira como era entoada, em que situação ou lugar e a quem se dirigia. Isso permanecerá no âmbito da vida privada, quando se trata dos velhos próximos — pai, avô, professor, vizinhos —, em que as relações com o termo *velho* vêm carregadas de afetividade em um sentido carinhoso, como na expressão: 'Meu velho!'

A depreciação da velhice na sociedade ocidental, localizada historicamente nas mudanças sociais e econômicas ocorridas a partir do século XVIII, decorreram principalmente dos novos modos de produção, que interferiram significativamente nos espaços sociais. A inserção e a valorização do indivíduo na sociedade passaram a se dar pela força de trabalho, e o velho, ao não trabalhar, passa a ser desvalorizado, por ser considerado cidadão improdutivo, sendo a aposentadoria a marca dessa passagem. Vale lembrar que o termo aposentar quer dizer: retirar-se para os aposentos, evidenciando a ideia de ociosidade. Quase sinônimos, velhice e aposentadoria passaram a ser caracterizados pela inatividade e pela pobreza."

O *zeitgeist*, isto é, o espírito do tempo de nossa sociedade, é caracterizado por uma forma de ver o mundo excessivamente materialista, consumista e de alta descartabilidade. Nesse sentido, o indivíduo, quando deixa o frescor da juventude e evidencia sua entrada no processo de envelhecimento, termina por ser estigmatizado como um ser que se encaminha mais rapidamente que os outros para a morte.

É verdade, a morte nos levará a todos! Ninguém será poupado dela. Mas isso não quer dizer que ao envelhecer nos transformamos todos em mortos-vivos, quase zumbis, seres assexuados, imbecilizados e vulneráveis a ponto de merecer um tratamento cheio de compaixão recheada de vocabulário politicamente correto e que verbalmente chega às raias do tatibitate, semelhante ao que se dá aos bebês. (Já viu enfermeiros cuidando de pessoas idosas? "Levante a perninha!... Vou dar injeçãozinha no bumbum e não vai doer nadinha" etc.)

Ao longo de toda a história da humanidade, crianças, jovens, adultos e velhos habitaram juntos, várias gerações no mesmo ambiente, fosse um palácio ou uma cabana. O trabalho da construção da ideologia da velhice como doença mudou isso com a disponibilização no mercado de casas e abrigos de idosos: o confinamento final e definitivo, mesmo para aqueles que estão saudáveis tanto física quanto mentalmente.

A desconstrução que a ciência do século XXI está fazendo da ideologia do envelhecimento como doença

A psicóloga Natália Barbieri relata no artigo anteriormente citado: "Minha avó, uma mulher com 95 anos de idade, costuma dizer que não se preparou para viver tantos anos. Outros idosos com quem tenho contato social ou acompanho no consultório — pessoas que se encontram com mais de 80 anos neste início da década de 2010 — trazem falas semelhantes e apontam esse fato como algo inesperado em suas vidas."

Os pacientes dela expressam uma ansiedade porque ninguém os avisou de que iriam viver muito mais do que programaram em suas próprias cabeças. Nós temos a sorte de, ainda em nossos 40, 50 e 60 e poucos, podermos ter a chance de dar uma cambalhota e reprogramar nossas vidas. Para isso, o primeiro passo é nos libertarmos da ideologia do envelhecimento como doença.

Como podemos construir uma nova imagem de nós mesmos e para nossas vida nas décadas à frente livres da condição de pacientes terminais de uma doença degenerativa concebida como destino para todos os seres humanos pelo senso comum do século XX?

A resposta para essas inquietações libertárias está mais uma vez com a ciência. Não se trata, porém, de um filtro miraculoso contendo a fórmula da juventude eterna.

A questão de, digamos assim, se me permitem, "desadoecer" o processo de envelhecimento em relação ao prolongamento do vigor físico é certamente a mais fácil e que tem estado mais visível para o senso comum e para as pessoas de forma geral. Todo mundo sabe que fisicamente se vai longe e bem graças a uma alimentação mais saudável, exercícios físicos no lugar de sedentarismo, beber com moderação, não fumar, dormir de forma equilibrada. O problema é que, apesar de saber a coisa certa a fazer, muita gente não se cuida... Mas esse é um problema que não pertence ao escopo do nosso livro.

Vamos então para o envelhecimento do cérebro e de nossos processos mentais e cognitivos. Será que ficar gagá ou, na mais benevolente das hipóteses, com um cérebro lento e preguiçoso é destino inexorável do ser humano ao envelhecer?

O entendimento para as questões que nos assustam em relação ao envelhecimento dos nossos processos mentais está vindo da fronteira de um campo científico multidisciplinar específico chamado ciências cognitivas. Esse conjunto integrado de ciências deverá nos ajudar cada vez mais a entender os processos que se passam dentro de nossa mente.

Se por um lado a medicina e os cuidados para retardar o envelhecimento físico (alimentação, exercícios, vida equilibrada, medicamentos) buscam recondicionar nosso hardware, digamos assim, a compreensão sobre como podemos realizar a manutenção e o upgrade de nosso software deverá vir das ciências cognitivas.

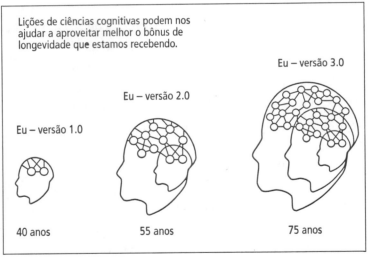

Figura 34 — A sabedoria como a grande meta do desenvolvimento humano?

Obviamente está fora de questão fazer uma exploração dos vários achados do conjunto das ciências cognitivas neste livro. Meu objetivo aqui é só fazer a escuta de algumas teorias que estão em processo de construção e de validação neste começo de século XXI.

Ouçamos por exemplo um diálogo entre dois médicos, um deles muitíssimo conhecido na mídia, o Dr. Dráuzio Varella. O assunto é a questão de a memória poder ou não ser treinada e desenvolvida. A ideologia da velhice como doença apregoa que, com a idade, perdemos neurônios e com isso nossa capacidade de memorizar diminui. Entretanto, existem evidências de que o cérebro tem uma enorme plasticidade, e mesmo que neurônios efetivamente morram, isso não está necessariamente correlacionado com diminuição da capacidade de memória. Memória não é apenas um hardware biológico, isto é, um equipamento meramente físico. Memória, como tudo que é humano, é uma interseção entre físico, cognitivo, emotividade e motivação. O que dizem os doutores sobre disso?

A seguir, reproduzo um fragmento de conversa entre o Dr. Dráuzio Varella e Dr. Alberto de Macedo Soares, médico geriatra que trabalha no serviço de geriatria do Hospital das Clínicas de São Paulo e professor de geriatria da Faculdade de Medicina de Santos (reproduzido do blog do Dr. Dráuzio):

"Dr. Dráuzio: Trabalhos demonstram que, quanto mais intelectualizadas as pessoas forem, quanto mais atividades físicas fizerem, quanto mais rico for o universo em que vivem, menores serão os déficits de memória e mais lenta a evolução dos casos.

Dr. Alberto de Macedo Soares: Realmente, há trabalhos mostrando que, teoricamente, quanto maior a atividade intelectual, mais o indivíduo estará protegido contra o acometimento das doenças degenerativas. Há dois ou três anos, estive com Alistair Burns, um pesquisador de memória da

Inglaterra. Quando lhe perguntei qual sua recomendação para os interessados em proteger a memória, respondeu: 'Digo para aprenderem uma nova língua.' De fato, ao aprenderem uma nova língua, as pessoas estarão exercitando várias formas de linguagem e várias formas de memória. O processo de aprendizagem envolve necessidade de concentração e apelo constante à memória recente e à memória tardia. Por isso, quando alguém me diz que anda preocupado com a memória porque a mãe teve Alzheimer, pergunto-lhe: 'Que língua você fala? Inglês? Então vá aprender francês.' Esse é um jeito de estimular várias funções da linguagem que contribuem para a preservação da memória."

Outra escuta junto à comunidade dos cientistas cognitivos que vale a pena ouvir melhor é a teoria desenvolvida por pesquisadores do Centro de Longevidade da Stanford University, liderados pela psicóloga Dra. Laura Carstensen.

Teoria da Seletividade Socioemocional

De acordo com a TSSE, as metas que os seres humanos se colocam ao lado da vida estão sempre em um contexto temporal. Quer dizer que as pessoas percebem o tempo de forma diferente ao longo da vida. Quando você é jovem, percebe o tempo como muito mais longo do que um adulto maduro. O jovem tende a focar em preparar as suas metas para o futuro. Assim eles valorizam a novidade e investem seu tempo e energia em adquirir informações e expandir horizontes. Em contras e, quando as pessoas começam a perceber limitações em seu horizonte temporal, começam a dirigir sua atenção para aspectos de maior significado emocional positivo em suas vidas. Ou seja, a motivação muda ao longo da vida. E à medida que envelhecemos, queremos focar mais naquilo que de fato nos faz mais felizes. Se você vê sua atividade profissional como uma chatice que só serve para pagar as contas no fim do mês, fica pensando em como seria excelente não ter que levantar da cama e ir todo o dia para o trabalho.

A TSSE tem como hipótese (que ainda está sendo testada) que, ao envelhecer, vamos nos tornando mais seletivos no sentido de optar pelo que é mais significativo emocionalmente para cada um de nós, e é fato que aqueles que investem suas energias em objetivos mais significativos para si desenvolvem mais os seus recursos cognitivos e sociais. Essa motivação orientada pelos objetivos identificados com emoções positivas de alguma maneira impede o declínio de processos mentais e cognitivos, como a memória, a capacidade criativa. Isso é bem exemplificado por gênios que nunca consideram se aposentar. Você imagina um Picasso, um Chaplin, um Mick Jagger falando em aposentadoria e em ir criar galinhas?

A TSSE aposta na ideia de que, ao envelhecer, o futuro vem mais para perto das pessoas, e de que seu senso de urgência se torna uma força mais poderosa, fazendo com que envelheçam focando cada vez mais em realizar seus objetivos emocionalmente prioritários. Esse processo de forte automotivação de certa forma é uma espécie de fonte da juventude cognitiva.

Certamente a TSSE terá ainda que ser testada em várias populações diversificadas, mas seu significado em tese corrobora aquele ditado que diz: "Descubra o que você gosta de fazer e você nunca vai ter que trabalhar!"

As lições que podemos extrair da TSSE e de outras teorias que estão sendo analisadas no campo das ciências cognitivas trazem conclusões semelhantes: tudo leva a crer que a arte de saber envelhecer, sem que esse processo seja visto como doença e perda, consiste em projetar uma estratégia de vida à qual você possa se dedicar integralmente no mais rápido espaço de tempo possível. Isso tem o dom de nos tornar seres humanos mais focados em obras que nos dão profundo prazer. É como se passássemos a ser artistas. E, como você sabe, artistas querem realizar sua arte e descartam a aposentadoria. A doença terminal na forma de envelhecimento que leva à morte começa no momento exato em que um artista não pode mais se dedicar à sua função ou perdeu sua motivação para continuar.

Além de seguir buscando comprovação científica para sua teoria, a Dra. Carstensen tem sido fonte de referência nos EUA, tanto do ponto de vista de subsidiar a formulação de novas políticas públicas que transformem a instituição aposentadoria em algo mais adaptado à nova realidade social, econômica e demográfica que vivemos, quanto do ponto de vista de inspirar as pessoas a se reinventarem.

As conclusões da TSSE reforçam a compreensão de que o ser humano não é meramente um saco biológico de DNA, mas um ser complexo onde se misturam os resultados de genes, do meio ambiente, de processos cognitivos e a determinante influência da emoção e da motivação.

Fiquemos por aqui sabendo que as ciências cognitivas apenas começam a descobrir novas avenidas para o ser humano, sobretudo para a revitalização sucessiva de nossa capacidade mental e processos cognitivos.

O resumo da ópera é claro e objetivo: envelhecer não é doença. O ser humano poderá estender ainda mais a longevidade. (Já existem quase 100 mil pessoas nos EUA que ultrapassaram a barreira dos 100 anos!) A grande questão parece cada vez menos estender a longevidade e cada vez mais o que fazer para termos qualidade de vida, como podemos nos dedicar cada vez mais ao que efetivamente tem significado emocional positivo para cada um de nós e que nos permite ter uma vida longa ativa e produtiva.

CONCLUSÃO

O tempo
da reinvenção

Demora-se um bom tempo até nos tornarmos jovens.

PABLO PICASSO, ATIVO ATÉ SUA MORTE AOS 92 ANOS

Os próximos anos não serão mais simples do que o nosso momento atual. Pelo contrário. Tudo leva a crer que temos diante de nós um aumento da complexidade e que, se queremos desfrutar do bônus de longevidade com que fomos contemplados, temos que desenhar uma nova estratégia para guiar nossos passos.

Aqueles que ainda são jovens podem se dar ao luxo de esperar amadurecer junto com o novo tempo. Entretanto, todos aqueles que passaram dos 40 devem ter o senso de urgência e evitar qualquer tipo de procrastinação.

Em 2020 já estaremos navegando em um tempo em que a Economia do Conhecimento estará muito mais madura do que hoje. Não basta nossa formação atual. Temos que nos reinventar.

Na sua maioria, os adultos maduros e de cabelos brancos têm a vantagem de já terem ultrapassado aquela fase da vida onde nos sentimos praticamente soterrados de obrigações, tanto profissionais quanto familiares. Criar filhos é provavelmente a mais complexa das tarefas, mais difícil do que o casamento, que afinal sempre pode ser desfeito. Isso não ocorre com a maternidade e a paternidade. Uma vez iniciado esse projeto, é bom que nos dediquemos a ele com afinco e muito carinho. Não dá para interrompê-lo.

Assim, para aqueles que tiveram a ventura de serem bem-sucedidos e começam a ver os filhos saindo de casa, há um outro bônus ao lado do da longevidade. Agora podemos viver com menos e podemos focar naquilo que efetivamente nos dá prazer e recompensa emocional.

A reinvenção ou é feita com base no estímulo positivo da motivação ou é quase uma reciclagem circunstancial, um upgrade modesto e não uma evolução.

Mulheres e homens têm compreendido cada vez melhor, ainda que de forma tácita, que os 50 anos em nossas vidas são um marco radical de reinvenção. Para decidir empreender essa transformação, que guarda uma forte analogia com a transformação da lagarta em borboleta, é preciso ter muita coragem.

O senso comum nos acostumou a ter uma perspectiva negativa da entrada na fase dos cabelos brancos. Como vimos, nossa sociedade do século XX inventou a ideologia do envelhecimento como doença e a aposentadoria como indulgência caridosa.

Não é certamente isso que a Geração Baby Boomer está querendo, como mostram claramente as estatísticas disponíveis pelo mundo afora.

Diante desse quadro complexo, não podemos simplesmente sentar e aguardar que a sociedade, as empresas e os governos promovam reformas sociais, econômicas, culturais e de valores para que possamos então aproveitar o bônus de longevidade de forma ativa e produtiva.

A iniciativa de dar o primeiro passo é uma opção individual de cada um de nós. Quem ainda não deu esse primeiro passo, que se apresse. Apesar de começar de forma individual, mais e mais pessoas vão se reconhecer como parte de uma geração que está substituindo uma vida de ócio e à parte da sociedade e inventando uma nova forma de viver como pessoas que sabem envelhecer, vivendo mais tempo e mais venturosamente.

Fundamentalmente, depende de cada um de nós, e aqui atitude é tudo!

Sobre o autor

Ricardo Neves é empresário, empreendedor, engenheiro e consultor de estratégia com quase trinta anos de experiência de trabalho junto a empresas de primeira linha no Brasil e no exterior. Conta ainda com uma extensa vivência de serviços para organizações de desenvolvimento, como agências da ONU, Banco Mundial, BID etc.

Autor, colaborador frequente da mídia e palestrante, Ricardo Neves é conhecido pelas provocações construtivas com que explora — tanto do ponto de vista humano quanto empresarial — o desafio e a necessidade de inovação e de transformação permanente para uma transição bem-sucedida na direção da Sociedade Digital Global e da Economia do Conhecimento.

Além do tradicional e-mail e site — respectivamente, ricardo@ricardoneves.com.br e www.ricardoneves.com.br — são bem-vindos pelo autor outros meios de contatos através de redes sociais da internet. É só dar uma procurada através do Google, por exemplo, que você pode descobri-lo no Facebook, Twitter, LinkedIn, Youtube e outros tantos canais de comunicação que forem sendo inventados por aí, neste novo mundo digital que a humanidade vai construindo.

Seja um leitor preferencial Record.
Cadastre-se e receba informações sobre nossos
lançamentos e nossas promoções.

Atendimento e venda direta ao leitor
mdireto@record.com.br ou (21) 2585-2002

Este livro foi composto na tipologia Minion Pro,
em corpo 11/15,6, e impresso em papel off-white,
no Sistema Cameron da Divisão Gráfica
da Distribuidora Record.